La majeure partie de ce volume était imprimée avant les évènements de février 1848.

FABLES

PAR

THÉOPHILE DUCHAPT.

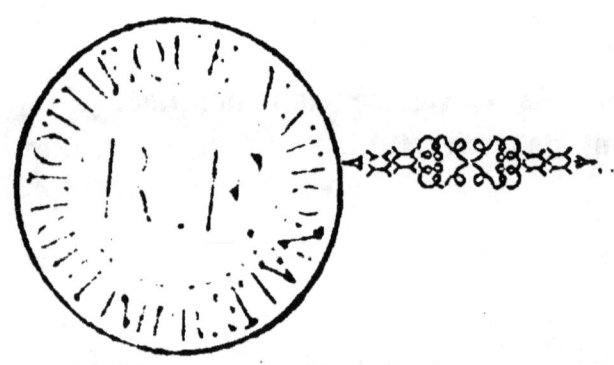

PARIS,	BOURGES,
L. HACHETTE,	JUST-BERNARD,
Libraire de l'Université,	Libraire-Éditeur,
RUE PIERRE SARRASIN, 12.	Et VERMEIL, Libraire.

1850.

LIVRE PREMIER.

I.

LA CIGALE ET LE PAPILLON.

« Insectes paresseux, qui passez votre temps
    A traîner vos pas indolents
   Sur les fleurs et sur l'herbe tendre,
Ne serait-il pas mieux à vous de m'imiter ?

Du sommet de cet arbre, où j'ai bien su monter,
A chaque instant du jour ma voix se fait entendre,
  Et, frappant l'air des plus doux sons,
Fait redire à l'écho ses plus belles chansons. »
Ainsi parlait, d'un air et d'un ton d'importance,
Aux insectes nombreux qui passaient en silence
A l'ombre de l'ormeau par la dame habité,
  Certaine cigale étourdie
Qui faisait, aux rayons d'un beau soleil d'été,
  Résonner à satiété
  Son insipide mélodie ;
Quand certain papillon aux ailes de corail :
 « De votre amour pour le travail,
  Parmi les hommes et les bêtes,
  On n'a, dit-il, jamais douté ;
  Mais, montrez-nous l'utilité,
  Madame, de ce que vous faites. »

Ce papillon avait raison, Dieu sait combien !
  A quoi sert un travail stérile ?

Quand la peine qu'on prend ne produit rien d'utile,
Autant vaut qu'on ne fasse rien.
Peut-être ici quelqu'un va s'écrier : « C'est bien ;
Mais vous, monsieur le moraliste,
Votre travail de fabuliste,
Qu'est-ce après tout, sinon pure futilité,
Fantaisie et frivolité ?
Montrez-nous, s'il vous plaît, de quelle utilité
Sont les contes bleus qu'il nous donne.
Depuis ceux du roi des conteurs,
C'est marchandise qui foisonne.
Il n'est si minces rimailleurs
Qui n'en aient fait et de meilleurs
Que ceux dont vous allez, le ciel vous le pardonne,
Ennuyer vos pauvres lecteurs,
Et cela jusqu'ici n'a corrigé personne.
Vos fables, car il faut dire la vérité,
A les supposer aussi belles
Qu'elles ont, entre nous, de médiocrité,
En fin de compte, que sont-elles ?

De misérables bagatelles. »

— Avec toi, sur ce point, lecteur, je suis d'accord :
De mes fables je fais peu d'estime et pour cause ;
Je sais qu'en les faisant je ne fais pas grand'chose ;
Mais je me garde bien aussi de donner tort
Aux gens qui, paresseux à la mode vulgaire,
    Et, plus que moi, sages encor,
    Passent leur temps à ne rien faire.

II.

LE SOULIER ET LA SAVATE.

A M. EMILE DESMHAYES.

Certain petit soulier mignon,
De la beauté du jour chaussure délicate,
Fut un soir, voyez le guignon !
Avec une vieille savate,

Par mégarde jeté sur le même rayon.
De se voir pareil compagnon,
Sa fierté se trouva blessée :
« Holà, s'écria-t-il d'une voix courroucée,
Lise, Angélique, Marion,
Accourez vite, et qu'on emporte
Ce dégoûtant brimborion.
Est-ce près des gens de ma sorte
Qu'on doit placer un tel objet ?
Fi ! quelle horreur, comme il est laid,
Comme il est sale et comme il pue ! »
— « Hélas ! monsieur, lui dit, d'un ton modeste et doux,
La malheureuse qu'il conspue,
Je conçois bien votre courroux
Et vos dégoûts.
Ils sont naturels, et ma vue,
Je dois l'avouer, entre nous,
Pour les inspirer est bien faite.
Jadis pourtant, chaussure élégante et coquette,
Et soulier mignon comme vous,

J'eus, comme vous aussi, mes beaux jours, et des fêtes
Où, dans l'éclat du lustre et de la nouveauté,
Un instant, on m'a vue au pied de la beauté,
Resplendir, et l'aider à faire des conquêtes.
  Mais que ces beaux jours
   Furent courts !
  Que promptement ils s'écoulèrent
   Et se changèrent
  En des jours de deuil et d'ennuis,
  Plus noirs que les plus sombres nuits !
Le temps qui toute chose enviellit et déforme,
  Ternit mon lustre en moins de rien,
  Et je fus mise à la réforme :
  Triste sort alors que le mien !
  De la maîtresse délaissée,
  Aux servantes je suis passée ;
  Et, dans l'état où je me voi,
  Ce sont leurs gros pieds qui m'ont mise.
Quant à vous, monseigneur, qui faites fi de moi,
  Et dont la fierté me méprise,

Songez au sort qui vous attend
Quand vous ne serez plus de mise,
Et ne vous rengorgez pas tant.
Car, c'est en vain que l'on se flatte,
En vain qu'on voudrait l'oublier :
Toute savate fut soulier,
Tout soulier deviendra savate. »

III.

LE JUGEMENT DE L'ALOUETTE.

La Fauvette avec la Linotte

Entre elles disputaient à l'ombre d'un buisson,

A qui savait le mieux cadencer une note

Et moduler une chanson.

Tandis qu'en sa mélomanie
Chacune se prétend reine de l'harmonie,
Et que, d'un petit ton vainqueur et triomphal,
    En virtuose elle s'adjuge
    La palme de l'art musical,
L'Alouette survient ; elle est prise pour juge,
    Et voilà qu'à son tribunal
Chaque musicienne entonne et fait entendre
Son air le plus touchant, sa chanson la plus tendre.
    Miss Alouette ayant prêté,
Du sommet du caillou qui lui sert de banquette,
A leurs accents rivaux une oreille distraite,
    Se recueille avec gravité,
    Et, cependant que chaque dame,
    Impatiente, attend qu'elle proclame
Son nom, elle s'envole en leur sifflant : « Ma foi !
Celle qui, de vous deux, chante le mieux, c'est moi. »

IV.

LA CHENILLE ET LE PAPILLON.

« Bonjour, disait une Chenille
Au Papillon, bonjour cousin. »
— « Fi donc ! répondit le faquin,
Vous n'êtes pas de ma famille. »

Ce monde en parvenus fourmille,
Qui, tels que de vains papillons,
Quand, de soie et de cannetille,
Ils ont brodé leurs guenillons,

Se croient faits d'une chair plus fine,
D'un sang plus pur, d'une autre peau,
Et se pavanent bien et beau
Dans l'oubli de leur origine.

Eh quoi ! si j'avais ce malheur
Que le sort s'allât mettre en tête,
Un jour, de me porter au faîte
De la gloire et de la grandeur,

Et me fit riche et grand seigneur;
Avec vous, amis que mon cœur
Chérit d'une tendresse extrême,
Je pourrais n'être plus le même ?

Fi des honneurs, si les honneurs
Doivent ainsi changer les mœurs !

V.

L'ENFANT ET SA MÈRE.

— ◦ ◦ —

Fanfan courait : il tombe, et se met à beugler ;
Et voilà soudain que sa mère
Accourt et le relève, et, pour le consoler,
Du pied frappe le sol, et, d'un ton de colère,

Aux regards du bambin que cela divertit,
S'écrie : « Allez, méchante, allez, mauvaise terre,
Que cela vous apprenne à faire
Tomber le petit ! »

C'est ainsi que, dès son enfance,
Notre imprudence,
Alors qu'il l'en faudrait bien plutôt corriger,
Apprend à l'homme à se venger.
Croyez-en mon expérience :
Ce mot, si souvent répété,
Que la vengeance
Est un plaisir divin, n'est qu'une fausseté.
Mes enfants, la vengeance est chose détestable ;
C'est une passion, c'est un vice odieux,
Et, si l'on en a pu faire un plaisir des dieux,
C'est au temps où les dieux ne valaient pas le diable.

VI.

LE CHEVAL MALADE.

Un vieux cheval tout morfondu
Gisait, sur la paille étendu,
Dans un coin de son écurie.
Survint un de ces chiens toujours vagabondant

Par la campagne et dont la dent,

Se nourrit de la chair qu'on jette à la voirie.

Droit à l'écurie il se rend,

Pousse la porte, et, l'entr'ouvrant :

« Comment allez-vous donc, mon pauvre camarade?»

Dit-il à l'animal souffrant.

— « Mieux que tu ne voudrais, répondit le malade.»

Vieux garçon qui se meurt ressemble à ce cheval ;
Et quand ses héritiers, flairant la bête morte,

Viennent s'enquérir à sa porte

S'il va mieux, c'est pour voir s'il ne va pas plus mal.

VII.

LE RENARD ET LA PEAU DE MOUTON.

―•❈•―

On m'a conté qu'un renardeau,
Naïf et bon comme on l'est au jeune âge,
Au sortir du sermon qu'au fond d'un bois sauvage
Venait de prêcher un corbeau,

Volatile pieux échappé de la cage
   D'un Lacordaire de village,
Prenant au sérieux la chose, résolut,
   Dans l'intérêt de son salut,
   De renoncer à la volaille,
Et de se contenter, pour toute victuaille,
   De l'herbe qui croit dans les champs.
   « Non, dit-il, avec les méchants,
   Je ne veux plus qu'on me confonde.
   Coqs et poules, vivez en paix ;
Chapons, n'ayez plus peur ; dindonneaux, par le monde
   Promenez-vous, et, si jamais
Je vous fais quelque mal, je consens qu'on me tonde ;
   Car, dès ce soir, changeant de ton,
J'abdique le renard et je me fais mouton.
Il me fâche de voir que chacun me décrie,
   Et, las de vivre en vagabond
Dans les bois, désormais, le long de la prairie,
   Avec cet animal si bon,
   J'irai brouter l'herbe fleurie ;

Puis, le soir, dans sa bergerie,
Pour y goûter en paix le plus pur des sommeils,
Nous rentrerons de compagnie.
Ce train-là vaudra bien la vie
Qu'ont, jusqu'ici, mes chers pareils,
A leur grand déshonneur, suivie.
Ce sera d'ailleurs plus chrétien,
Et j'en aurai, pour récompense,
Le repos de ma conscience
Et l'estime des gens de bien. »
Après ce morceau d'éloquence,
Dont je suis moi-même étonné,
Et que mes lecteurs, si j'en ai,
Vont admirer aussi, je pense,
Pour se procurer un moyen
De pouvoir, sans crainte du chien,
Se mêler aux troupeaux que, dans le voisinage,
Il voyait chaque jour aller au pâturage,
Maître Renard courut, dit-on,
Chercher une peau de mouton

Qu'en son chemin, la veille, il avait rencontrée,

Et qu'en animal plein de soin,

Au fond de son terrier, il avait, dans un coin,

Très-précieusement serrée.

Au bord du trou l'ayant tirée,

Il la prit et s'en affubla ;

Mais sa toilette

A peine faite,

Survint un loup qui l'étrangla,

Et qui, trompé, je le présume,

Par le costume,

S'imaginant souper d'un agneau, l'avala.

Certes, cela

N'a rien d'étrange :

Sur cette terre, hélas ! quand on

Se fait mouton,

Le loup vous mange.

VIII.

Même sujet.

Un Renard, ayant froid sans doute,
D'une peau de mouton qu'il trouva sur sa route,
Certain soir d'hiver, s'affubla.
Mais, sa toilette

A peine faite,
Survint un loup qui l'étrangla
Et l'avala.

Certes, cela
N'a rien d'étrange :
Sur cette terre, hélas ! quand on
Se fait mouton,
Le loup vous mange.

IX.

LES DEUX CHAPONS.

Deux chapons habitaient, chez un riche fermier,

Le même poulailler :

L'un maigre à faire peur, l'autre gras comme un moine.

Celui-ci, tirant vanité

De son embonpoint de chanoine,
Employait sa vigueur et sa bonne santé,
(Les heureux n'ont jamais beaucoup d'humanité,)
A torturer son camarade,
Lui faisant chaque jour subir nouvel échec.
Trop content, le pauvre malade,
Quand il en passait un sans que les coups de bec,
Quotidien tribut de son corps grêle et sec,
L'eussent mis en capilotade.
Par bonheur cependant advint que, certain soir,
Pour traiter un ami qui l'était venu voir,
Leur maître, le fermier, fit, par sa ménagère,
Tuer le chapon gras ; ce que lui voyant faire,
L'autre aussitôt, de sa maigreur
Se mit à rendre grâce aux dieux, et de grand cœur :
« Je leur faisais, dit-il, un injuste reproche,
Et, le sort du cousin me l'apprend aujourd'hui :
S'il m'eût été donné d'être gras comme lui,
Comme lui maintenant je serais à la broche
Et, qui plus est, déjà peut-être à moitié cuit. »

Des riches, des puissants, des heureux de la terre,
N'envions pas le sort prospère ;
Que ne pouvoir les égaler
Ne nous cause tristesse aucune :
Ce sont, pour la plupart, chapons que la fortune
Engraisse, pour les immoler.

X.

LE MULET ET LE CHIEN.

—◦❀◦—

Fier de l'éclat
De son état,
Le Mulet de certain prélat,
Non moins sot que celui dont jadis La Fontaine,

En des vers meilleurs, j'en conviens,
Et qui vivront aussi plus long-temps que les miens,
Nous a montré l'humeur suffisante et hautaine,
Un soir qu'après boire il rêvait,
S'alla, dit-on, fourrer en tête
Qu'il était noble, et qu'on devait
A sa noblesse faire fête.
Depuis ce temps, s'il arrivait
Qu'il fit rencontre par la ville
De quelque mangeur de chardon,
S'en allant, modeste et docile,
Porter de maison en maison,
Ou des balais, ou du sablon,
Il fallait voir comme le drôle,
Près du pauvre diable passait
D'un air fier, et se redressait,
Lui jetant, par-dessus l'épaule,
Regards de dedain.
Que soudain
Accompagnait une ruade

Et suivait une pétarade.

Bref, c'était l'être le plus vain

Qu'il se pût voir. Or, il advint

Qu'un jour s'offrit sur son passage,

Comme il retournait au logis,

Un chien natif de son village :

« Eh bonjour, lui dit-il, pays !

Quoi de nouveau là bas ? Ma mère,

  Dame jument,

  Va bien, j'espère ;

Tu l'auras vue assurément

Avant ton départ ? — « Non, vraiment ;

Mais j'ai vu votre père l'âne,

Pauvre roussin, hélas ! qui va

De plus en plus cahin-caha.

Toujours galeux, et, Dieu me damne !

Bien plus mal peigné que jamais,

Il s'en allait vers les marais,

Portant, sur sa piteuse échine,

  Un double panier

De fumier,

Dont l'odeur, à tout le quartier,

Faisait se boucher la narine. »

A ce discours qui le sanglait,

Qui fut penaud? Maître Mulet.

J'estime, et je dirai mieux, j'aime

Un parvenu,

Qui, soutenu,

Sans aucun autre stratagème,

Par son mérite et sa vertu,

S'est fait tout ce qu'il est lui-même,

Et, de maints honneurs revêtu,

Sous leur éclat toujours le même,

Dans les grandeurs

Et les splendeurs,

Sait rester bienveillant, simple, bon et modeste ;

Mais je déteste

Comme la peste

Ce faquin qui, venu,

Tout nu,

De son village,

Et, du dernier degré du plus infime étage,

Par l'intrigue aux honneurs porté,

Se montre, dans sa vanité,

Plein d'insolence

Et d'arrogance.

Dans son orgueil désordonné,

C'est pain bénit qu'on l'humilie,

Et j'irais remuer les fanges et la lie,

Pour y chercher, et pour la lui jeter au nez,

Son origine qu'il oublie.

XI.

L'ENFANT ET LE CAILLOU.

Un jour le petit Anatole,
Comme il revenait de l'école,
En son chemin s'étant heurté
Contre un caillou, tomba par terre

Et déchira tout le derrière

De sa culotte. Transporté

D'une fureur de mousquetaire,

Il se relève, et, sur la pierre,

Lance un énorme coup de poing ;

Mais son ardeur vindicative,

Comme on peut croire, n'alla point

Jusque au point où l'on récidive.

Laissant, le long de son pourpoint,

Tomber sa droite endolorie

Et, je crois même, un peu meurtrie,

Tout confus, il s'écria : « Foin

  D'une colère

  Dont le seul gain

  Est de vous faire

  Mal à la main ! »

Certe, il avait raison, grand' raison, le gamin.

 Il n'est, et pour beaucoup de causes,

 Ni de bon sens ni de bon goût

De se fâcher contre les choses ;
Mais, entre autres motifs, pour celui-ci surtout,
Qu'évidemment cela ne leur fait rien du tout.

XII.

LA TREILLE ET L'ÉRABLE.

Leur grand âge ayant fait périr
Les étais sur lesquels naguère on l'avait vue
Promener dans les airs ses longs bras et fleurir,
Une treille gisait, sur la terre étendue,

Et les nombreux raisins, dont elle était pourvue,

Privés d'air, ne pouvaient mûrir ;

Ils pourrissaient ; c'était une treille perdue :

Quand, touché de la voir souffrir,

Et, voulant la tirer de son sort misérable,

Un arbre, son voisin, c'était un jeune érable,

S'offrit à lui

Servir d'appui.

« Oh ! dit-il, permettez que je vous sois utile.

Si je ne produits

Aucuns fruits,

Que je soutienne au moins une plante fertile.

Cela, ma sœur, vous tirera

De peine, et me consolera

De n'être qu'un arbre stérile. »

XIII.

LA CLOCHE DU SOIR.

A M. DE LAMARTINE.

Avez-vous, dans les champs, par un beau soir d'été,
Au coucher du soleil, quelquefois écouté
La cloche, dont la voix plaintive et solitaire
Semble porter au ciel les soupirs de la terre?

Quand l'airain a jeté ses derniers tintements,
Vous entendez encor, pendant quelques moments,
Le son qui retentit dans l'air et s'y balance ;
Puis va s'affaiblissant et fait place au silence.

Ainsi, quand nous tombons sous les coups de la mort,
De ceux que nous aimions, le cœur, brisé d'abord,
Rend un son lamentable ; et ce son, dans l'espace,
Retentit un instant, puis s'affaiblit et passe ;
Puis, de nous ne survit pas même un souvenir :

Car il n'est que Dieu seul qui ne doit pas finir.

XIV.

JÉSUS ET LA FEMME ADULTÈRE.

A M. LÉON HALÉVY.

En ce temps-là Jésus, à la foule attentive,
    Dans le temple enseignait la loi,
Quand, de Pharisiens une troupe en émoi
Vint à lui, conduisant une femme captive,

Tout en pleurs, demi-nue et tremblante d'effroi :

« Maître, lui dirent-ils, cette femme sans foi,

En adultère vient par nous d'être surprise ;

Or, d'après la loi de Moïse,

Il est prescrit de lapider

L'épouse qui se rend coupable d'adultère :

Mais vous, et nous venons pour vous le demander,

Dites, que pensez-vous qu'il convienne d'en faire ? »

Et Jésus que ces mots n'avaient pas su distraire,

Sans dire aucune chose et sans les regarder,

Ecrivait du doigt sur la terre.

Par cette question croyant l'embarrasser :

« Maître, ajoutèrent-ils, il faut se prononcer ;

De vous seul dépend la sentence

Dont cette femme attend son sort.

Parlez, doit-on l'absoudre ou bien la mettre à mort? »

Sur quoi, voyant leur insistance :

« Puisque vous le voulez, répondit-il, je pense

Que tout crime doit s'expier

Des peines que pour lui la loi traça d'avance.

Cette femme est coupable, il la faut châtier.

Donc, que celui de vous qui se croit sans reproche,

  Que celui-là s'approche

  Et frappe le premier! »

Il dit, et, se courbant de nouveau vers la terre,

Il écrivit encore, et la pauvre adultère,

  Ces terribles mots entendus,

Pâle, et croyant déjà voir la mort qui s'apprête,

Fit, pour ne pas tomber, des efforts superflus;

Puis, lorsqu'un peu plus tard, ses esprits revenus,

  Elle osa relever la tête,

  Elle était seule avec Jésus.

  La foule, autour d'eux rassemblée,

  S'était en silence écoulée,

  Et, de ces vengeurs de la loi

Qui tout à l'heure encor lui causaient tant d'effroi,

Aucun n'était plus là; tous avaient pris la fuite,

Les plus vieux les premiers, et les jeunes ensuite.

« Eh bien, dit le Sauveur, que sont-ils devenus

Ceux de qui la fureur, contre vous déchaînée,

Devant moi vous avait traînée ?
Ils se sont retirés comme ils étaient venus,
Oubliant votre faute ensemble et leur colère.
Or, puisqu'à l'indulgence ils se sont résolus,
Je ne serai pas plus sévère :
Vous êtes libre, allez, femme, et ne péchez plus ! »

Oh ! combien depuis lors les choses sur la terre
Ont changé ! Chacun aujourd'hui
S'imagine être en droit de condamner son frère,
Et le plus grand pécheur, bien souvent, est celui
Qui lui jette, non pas seulement la première,
Mais encor la plus grosse et la plus lourde pierre.

XV.

LE VIEUX FONCTIONNAIRE ET LA GIROUETTE.

—≷—

Vous demandez par quel moyen
Certain personnage de bien,
Fonctionnaire éminemment tenace,
En dépit de vingt changements,

Et sous tous les gouvernements,
A su rester debout et conserver sa place.
Demandez donc aussi comment
La girouette, au haut du bâtiment,
Se maintient, quelque temps qu'il fasse :
Par le même moyen tous deux exactement.
Celle-ci, mobile
Et docile,
Sur son axe, suivant
Le vent,
Tourne et retourne incessamment.
Et celui-là, pour son modèle,
L'ayant prise en homme prudent,
Devant le parti dominant,
Toute sa vie a fait comme elle.

Vous donc qui, de l'État, touchez un traitement,
Et qui ne désirez rien tant
Que d'avoir une chance à la sienne pareille,
Mes chers amis, je vous conseille,

Si vous pouvez, d'en faire autant.

Mais toi, me direz-vous : — Oh ! moi, c'est différent.

J'ai l'esprit trop indépendant,

Le cœur trop haut placé, le dos trop peu flexible ;

Et puis je suis... inamovible.

XVI.

LES DEUX VERBES EN QUERELLE.

—◄∘◊∘►—

Certain jour j'entendais du bruit dans ma grammaire ;
J'approchai mon oreille, et fus surpris, vraiment,
D'entendre fort distinctement
Le verbe AVOIR disant au verbe ÊTRE, son frère :

« O mon pauvre garçon, je me moque de toi,

  Et tu ne peux faire de même ;

  Car je me suffis à moi-même.
Et tu n'as jamais pu te conjuguer sans moi. »

  — L'autre répondait : « Oui, mon maître :
Vous faites : *j'avais eu ;* je fais : *j'avais été ;*
Donc j'ai besoin de vous, c'est une vérité
  Que je ne saurais méconnaître.
Mais devez-vous si fort en tirer vanité ?
Croyez-moi, ce n'est pas si grande nouveauté,
  Que, dans ce bas monde où, peut-être,
  Tout va cent fois plus mal que bien,
  Être, sans avoir, ne soit rien. »

XVII.

LE CHATEAU DE NIDECK.

—◦○◦—

Le château de Nideck, en Alsace est connu.
Là, sur un mont au front chenu,
Des géants habitait la race.
Les murs en sont tombés maintenant, et sa place

Est déserte ; on ferait des efforts superflus
Pour le trouver : géants et château ne sont plus.

  D'un géant, certain jour, la fille,
Jeune enfant de douze ans, vive, espiégle, gentille,
Et qui n'avait encor que huit toises de haut,
  Devant la porte du château
De son père, était seule à jouer à la bille.
Son jeu fini, bientôt elle eut, aux alentours,
  Couru, sauté, fait mille tours ;
Puis le désir lui vint d'aller dans la vallée
  Voir ce qui se faisait en bas,
Et gaîment vers la plaine elle prit sa volée.
La petite allait vite ; elle eut, en quelques pas,
Traversé la forêt, limite du royaume
Des géants, et parvint aux lieux, séjour de l'homme.
Tout pour elle en ces lieux est spectacle nouveau :
  Ce sont villes, ce sont villages ;
Ici champs cultivés, plus loin gras pâturages
  Et moulins que fait tourner l'eau.

Tandis que notre écervelée

Contemple cette scène, à ses yeux étalée,

Elle avise à ses pieds, travaillant à son champ,

Un paysan avec ses bœufs et sa charrue.

Cette créature exigüe

Et frêle, lui sembla se traîner en marchant

D'une façon fort singulière.

Charrue et bœufs, frappés des rayons du soleil,

Lui parurent, sous la lumière,

Briller d'un éclat sans pareil.

Bref, le tout plaisant à la belle :

« O beau jouet ! s'écria-t-elle,

Que je t'emporte à la maison ! »

Elle dit, et sur le gazon

S'agenouille, et, devant l'attirail qui chemine,

Etendant son mouchoir d'enfant,

Douze mètres carrés de foulard de la Chine,

D'un doigt agile et triomphant

Ramasse tout ce qui remue,

Le place au beau milieu du linge qu'à l'instant

Elle referme ; puis, sautillant et chantant,

  Et de joie encor tout émue,

Elle revient, ses pieds jouant à qui mieux mieux,

A la maison, criant du bout de l'avenue :

  « Père, père, attendez ; me voilà revenue.

  Vous allez voir quel jouet merveilleux

  J'ai rencontré là-bas dans la campagne.

   Non, jamais, sur notre montagne,

   Rien ne s'offrit d'aussi charmant. »

   Le bon vieillard, en ce moment,

Auprès de la fenêtre était assis à table,

Humectant, d'un vin vieux, son gosier respectable.

  Il regarde amoureusement

Sa fille bien-aimée : « Oh ! oh ! dit-il, petite,

   Qu'apportes-tu donc qui s'agite

   Si vivement dans ton mouchoir ?

   Approche ; que l'on puisse voir

   Ce qui te cause tant de joie. »

L'enfant alors s'approche ; elle entr'ouvre et déploie

Son mouchoir, et, du bout des doigts les saisissant

Au fond de leur prison de soie,

En tire avec précaution le paysan

Et la charrue et l'attelage ;

Puis, lorsqu'elle a le tout sur la table posé,

Mis en ordre et bien disposé,

Glorieuse de son ouvrage,

Elle frappe des mains, chantant, riant, criant

Comme une jeune folle, et devant sa conquête

Tout de plus belle sautillant.

Mais le père, en vrai trouble fête,

A cet aspect devient grave, et, branlant la tête :

« Qu'est-ce, lui dit-il, que je vois,

Et qu'as-tu fait ? Ceci n'est pas ce que tu crois ;

Reporte-le, ma fille, où tu l'as pris, bien vite.

Le paysan n'est pas un jouet. Tout de suite

Et, sans murmure aucun, obéis à ma voix ;

Car si le paysan n'existait pas, ma fille,

Il nous faudrait mourir de faim.

Son travail nous donne le pain

Que nous mangeons ; d'ailleurs des liens de famille

Le rattachent à nous, et le premier géant
>> De la moelle d'un paysan
Est sorti. C'est pourquoi, Dieu nous garde, fillette,
D'en jamais vouloir faire un objet d'amusette. »

Le château de Nideck, en Alsace, est connu,
>> Là, sur un mont au front chenu,
>> Des géants habitait la race.
Les murs en sont tombés maintenant, et sa place
Est déserte ; on ferait des efforts superflus
Pour le trouver : géants et château ne sont plus.

XVIII.

L'ANE OPTIMISTE.

—⁂—

Un Ane marchait par la rue,
Portant, dans son double panier,
Un infect et sale fumier,
Dont l'odeur, au loin répandue,

Faisait tout fuir à son aspect.

Maître baudet ne s'en étonne :

« J'aime à voir, dit-il, le respect

Qu'ont ces gens pour notre personne,

Et comme chacun d'eux nous rend

Les honneurs dus à notre rang. »

Le lendemain, nouvelle histoire :

Voilà baudet qui passe, emportant à la foire

Une charge de belles fleurs.

L'odeur qui s'en exhale et leurs riches couleurs

Font le peuple accourir, et mon drôle de croire

Que c'est pour le voir, l'admirer,

Qu'on s'empresse de l'entourer,

Et que la foule, à son passage,

Va le suivant ainsi des pieds et du regard.

La sottise a cet avantage

Qu'elle prend tout en bonne part.

XIX.

LA SOURIS ET L'ESCARGOT.

⊰⋖⊙⋗⊱

Du grenier de certain palais,
Une jeune souris, pour prendre un soir le frais,
Au jardin étant descendue,
Fit rencontre d'un escargot

Qui, sur l'herbe tendre et menue
D'une avenue,
Avec son ami l'escarbot,
Se promenait, portant, à son dos suspendue,
Sa maison, où, très prudemment,
Au bruit que fit, quoique marchant
Légèrement,
La demoiselle,
Il se blottit : « Grand Dieu ! comment,
S'écria-t-elle
En approchant,
Comment, compère,
A vous voir aussi mal logé,
Vous dire la douleur que j'ai ?
Elle est sincère
Et bien amère.
Se peut-il qu'en pareil local
On claquemure
Un animal ?
Notre mère, dame nature,

En vous enmaisonnant si mal,

S'est montrée envers vous bien dure.

Un cornichon, la chose est sûre,

Est plus heureux dans son bocal.

L'étui tortu qui vous enserre,

Mon pauvre frère,

Est, non pas maison,

Mais prison,

Et même prison cellulaire,

Comme on dit que, chez les humains,

Des législateurs inhumains

S'obstinent à vouloir en faire.

Voyez, ici près,

Ce palais,

Si bien posé sur sa terrasse;

C'est là qu'au large, et dans l'espace,

Coulent mes jours,

Toujours

Trop courts.

Ah! que le ciel vous débarrasse,

Mon frère, de l'étroit fourreau

Qui vous étrangle, et qu'à sa place,

Pour demeure il vous donne un beau

Château ! »

— « Madame, dit le solitaire,

Qui, rassuré par une voix

Si débonnaire,

Pour voir qui lui parlait, avait, en tapinois,

Mis le nez à la porte, et, de leurs enveloppes,

Fait sortir lentement ses deux longs télescopes,

Madame, je vous sais bon gré, comme je dois,

Du vœu charitable et courtois

Qu'en ma faveur vous daignez faire ;

Mais je ne fus jamais désireux des grandeurs ,

Ni des splendeurs ,

Et de mon sort toujours j'ai su me satisfaire.

Vous avez, dites-vous, l'honneur

D'habiter un palais ; j'en suis charmé, ma chère,

Si cela fait votre bonheur.

Mais, ce brillant séjour qui paraît tant vous plaire,

En êtes-vous propriétaire ?

Non vraiment, et même je crois

Que sur lui vous n'avez pas seulement les droits

Qu'aurait un simple locataire.

A ce prix, sachez, ma commère,

Que je ne voudrais pas habiter chez un roi.

Ma maison a, quoique petite,

Un grand mérite,

Elle est à moi !

Dans ce mot,

D'un pauvre escargot,

La raison brille,

Rien n'est tel qu'avoir un chez soi,

A soi,

Ne fut-il que d'une coquille.

XX.

LE CHIEN QUI JAPPE APRÈS LA LUNE.

Un chien toutes les nuits jappait après la lune.
Un des bœufs qu'il allait gardant,
Las à la fin d'ouïr ce concert discordant,
Lui dit : « Fais trêve aux cris dont ta gueule importune
Nous étourdit incessamment.
A l'astre, objet de ta rancune,
Pour insulter utilement,
Attends qu'il tombe ou qu'il descende ;
Car, si haut qu'il est, franchement,
Je ne suis pas sûr qu'il t'entende. »

LIVRE DEUXIÈME.

LES DEUX HIBOUS ET LE LAPIN.

Deux hibous

Au bord de leurs trous,

Par une belle nuit, c'est-à-dire aussi noire

Que le fond de mon écritoire,

Contre le siècle tous les deux,
Déblatéraient à qui mieux mieux :
« Juste ciel ! s'écriait l'un d'eux,
C'est un temps maudit que le nôtre.
On n'y rencontre à chaque pas
Que des ingrats. »
— « Ah ! voisin, ne m'en parlez pas,
Ajoutait l'autre ;
C'est à désespérer tous les cœurs délicats.
Il n'est plus de reconnaissance
Nulle part, et la bienfaisance
Est un métier de dupe ; il la faut, entre nous,
Laisser pratiquer par les fous.
Obliger, c'est vouloir que de vous on se moque ;
Quant à moi j'y renonce, et désormais sera
Bien habile qui m'y prendra. »
De ces honnêtes gens tel était le colloque,
Quand, sur le gazon qu'il broutait,
Un lapin qui les écoutait,
Prit la parole et dit : « O mes seigneurs, sans doute,

Sans doute qu'il est ici-bas

Beaucoup d'ingrats,

Et j'en ai quelquefois rencontré sur ma route.

Mais vous, cœurs sans pitié, dont nous connaissons tous

L'égoïsme excessif et l'extrême avarice,

Et qui, le bon Dieu vous bénisse !

En véritables loups-garous,

Retirés au fond de vos trous,

N'avez, hélas ! jamais dans toute votre vie,

D'être utile à quelqu'un ni de faire du bien,

Un instant éprouvé l'envie,

Laissez-là les ingrats ; ils ne vous doivent rien. »

Je sais plus d'un homme, entre nous,

Qui comme ces deux vieux hibous,

A pour méthode

D'aller toujours se plaignant des ingrats,

C'est un moyen fort à la mode

Et très-commode

De faire croire au bien qu'on ne fait pas.

II.

LE LEZARD.

En voulant égaler la couleuvre en longueur,
  Un lézard se rompit l'échine.

Ainsi se fait agent de sa propre ruine,
Petit bourgeois qui veut trancher du grand seigneur.

III.

LE CHIEN QUI LACHE SA PROIE POUR L'OMBRE.

Passé maître en filouterie,
Le chien d'un bateleur s'en allait à grands pas,
Emportant à sa gueule un chapon des plus gras
Qu'il avait attrapé le long d'une prairie

Où parfois le manceau, loin de sa métairie,

    Venait seul prendre ses ébats

    Et promener sa rêverie.

Comme il fuyait, avec l'espoir du bon repas

Que d'avance en idée il savourait sans doute,

    Tout au beau milieu de sa route,

Un ruisseau se présente, et, pour le traverser,

Une planche, seul pont par où l'on pût passer.

Il y monte et soudain le hazard veut qu'il voie

Dans le miroir des eaux l'image de sa proie.

Le sot crut que c'était un deuxième chapon

    Qu'emportait un autre fripon ;

Et pour s'en emparer, voilà qu'ivre de joie,

Lâchant celui qu'il tient, il s'élance, du pont,

Dans l'onde, où peu s'en faut, hélas ! qu'il ne se noie.

    Je ne sais comme il s'en tira

    Ni si quelqu'un le délivra,

    Car je n'allai pas à son aide.

Quant au chapon, chez lui bien vite il retourna.

Souvent un vain désir d'avoir plus que l'on n'a,
>Fait que l'on perd ce qu'on possède.

o-o

>O fabuliste inimitable,
>La Fontaine, pardonne-moi

D'avoir osé traiter ce sujet après toi.
>Si le souvenir redoutable
>De l'accident d'un autre chien,
>Dont jadis ton génie aimable
>Daigna se faire historien,

A mon héros eut dû faire garder l'étable.
>Et si pourtant il n'en fut rien,

Que t'importe ? Demain, comme toujours, ta fable,
>Autour d'elle réunira
>Des admirations sans nombre ;
>Et, si la mienne en est une ombre,

Cette ombre, hélas ! n'abusera
Personne, et le lecteur fidèle,
Lorsqu'entre les mains il t'aura,
N'ira pas courir après elle.

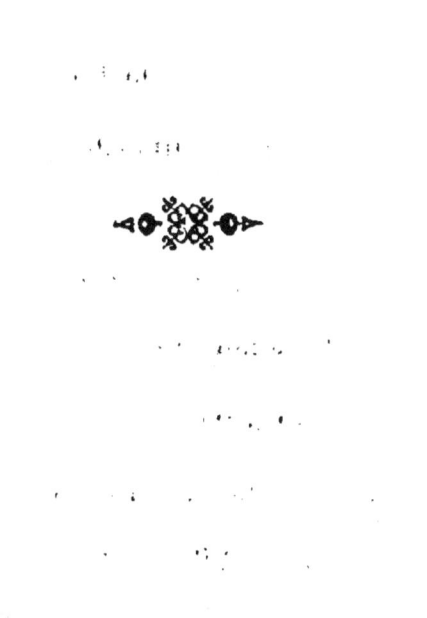

IV.

LE RICHE ET LE MENDIANT.

⁂

Un pauvre à cheveux blancs, suivi d'un chien caniche,
Vint frapper l'autre soir à la porte d'un riche.
Dans la crainte de s'attendrir,
Le riche défendit à ses valets d'ouvrir.

Le lendemain il sort ; et voici, dans la rue,
    Le mendiant qui le salue ;
    Et, sur son cœur compatissant,
    D'un son de voix retentissant,
    A le louanger s'évertue.
    La foule, autour d'eux accourue,
    Allait sans cesse grossissant.
    L'âme du riche en est émue,
    Et dans la main de l'indigent
    Il jette une pièce d'argent,
Non sans avoir pris soin qu'elle fût vue.

    L'homme ne cède bien souvent
    Qu'aux louanges dont on le berce ;
    Vrai tonneau que l'on met en perce,
On n'en peut rien tirer sans lui donner du vent.

V.

LE VOYAGEUR ET SON CHIEN.

Un homme, sur le point de se mettre en voyage
Tenait à son chien ce langage :
« Puisque je t'emmène avec moi,
Au lieu, comme tu fais, de dormir, hâte-toi

D'aller préparer ton bagage ;
Car il te va falloir, en marchant sur mes pas,
Arpenter mainte et mainte lieue. »
L'autre soudain se lève, et remuant la queue :
« Me voilà prêt, dit-il, et vous ne l'êtes pas. »

Bravo ! chien, mon ami ; ta réponse, que j'aime,
Frappe sur plus d'un sot, à ton maître pareil,
Qui s'en va prodiguant aux autres le conseil
Qu'il devrait tout d'abord se donner à lui-même.

VI.

LE ROTI VOLÉ.

—o)X(o—

De deux plaques de lard cuirassé bien et beau,
Cuit à point, et dûment posé sur sa tartine,
Un appétissant bécasseau,
L'autre jour, dans une cuisine,

Attendait, sur le potager,

L'honneur d'être introduit dans la salle à manger,

Quand, par malheur, voici le chat de la voisine,

Mademoiselle Madelon,

(L'odeur, sans doute, avait attiré le félon),

Qui vient rôdant à la sourdine.

Il aperçoit la venaison ;

Et pendant que Margot, l'habile cuisinière,

Occupée aux fourneaux lui tourne le derrière,

Sur le rôt sautant sans façon,

Il le happe et s'enfuit. Or, tandis qu'il s'esquive,

Le garçon de service arrive,

Grand fut son désappointement,

Et singulière la grimace

Qu'il fit dans son étonnement,

Quand, poursuivant par contumace,

Et, cherchant son rôti

Parti,

Il n'en trouva plus que la place.

« Père éternel, s'écrie alors,

En proie au plus vif des transports,
Dame Margot, une bécasse
Si bien troussée ! un morceau si
Bien réussi
Qu'il aurait, au plus fort du saint temps de Carême,
Fait enfreindre son jeûne au saint Père lui-même !
Ne sais-tu, mauvais garnement,
Ce qu'il est devenu ? » — « Ma foi non ; seulement
Je me rappelle qu'au moment
Où j'arrivais, j'ai vu le chat de Madeleine
Emporter quelque chose à sa gueule en courant. »

— « Ah ! voilà l'auteur de ma peine ;
Voilà mon voleur, mon brigand !
Que jamais il se représente
Dans ma cuisine, moi présente,
J'en fais, ma foi ! serment sur ma broche à rosbif,
Il est sûr de griller tout vif. »
—«Vous auriez tort, reprit le jeune homme plus sage :
Les chats n'ont pas, ainsi que nous,
De celui qui nous créa tous,

Reçu la raison en partage.

Celui-ci, vous volant, n'a fait que son métier ;

Et le vôtre, tâchez de ne pas l'oublier,

 Le vôtre est d'être vigilante. »

 La leçon était excellente,

  Et je sais des gens très-nombreux

   Qui pourraient la prendre pour eux.

Vous le pourriez surtout, ô mères de famille,

Qui tenez ici-bas de la bonté des cieux

   Jeune fille

  Aimable et gentille.

Sur ce gibier mignon ayez toujours les yeux ;

Sinon, gare le chat qu'on appelle amoureux !

VII.

L'ALOUETTE ET LE ROSSIGNOL.

L'alouette disait un jour au rossignol :
« Par tes accords brillants, mon cher, tu nous enchantes ;
Mais pourquoi donc, lorsque tu chantes,
Dans les airs comme moi ne point porter ton vol ?

Ta voix en aurait plus de charme.

Il n'est, sois en sûr, rien qui charme

Comme les sons venus d'en haut ;

Et, tiens, pour t'en convaincre, écoute-moi plutôt ;

Tu vas voir ; car jamais moi je ne chante à terre,

Et jamais je ne chante mieux

Que lorsque, m'élevant au séjour du tonnerre,

Je plane sur la nue à la porte des cieux. »

Cela dit, notre écervelée,

Dans les airs, en chantant, prend soudain sa volée.

Le rossignol, d'en bas écoutant sa chanson,

Trouve d'abord qu'elle a raison ;

Mais, comme elle montait toujours à l'horison,

Bientôt il la perdit et d'oreille et de vue,

Et, lorsque, lasse enfin de chanter pour la nue,

L'aéronaute descendit,

Charmé de la revoir, son auditeur lui dit :

« Bravo ! ma sœur, c'est à merveille ;

J'admire de vos chants la beauté sans pareille.

Vous les avez, sans contredit,

Portés si haut, que mon oreille,

Et vous m'en voyez tout confus,

Pour les y suivre a fait des efforts superflus.

A l'élévation je ne suis pas contraire,

Mais il ne faudrait pas vous élever, ma chère,

Si haut, que vos chansons ne s'entendissent plus. »

Poëtes, dont la muse, au séjour des orages,

Aime à planer dans les nuages,

Songez, lorsque là haut vous prenez vos ébats,

Que les auditeurs sont en bas.

VIII.

LE TAMBOUR-MAJOR.

❁

« Messieurs, disait un tambour-maître
Aux tambours qui marchaient sous ses ordres, voilà
Ce qu'il faut bien vous mettre là :
Si parmi vous jamais il se rencontre un traître,

Qui, pour un *ra*, me batte un *fla*,

Moi qui, morbleu ! ne veux pas être

Un objet de dérision,

Je donne ma démission

Bien vite,

Et le gouvernement, ensuite,

S'arrangera

Comme il pourra. »

Le drôle se croyait un être d'importance

Immense,

En cela, certe, il avait tort.

N'en rions pourtant pas trop fort ;

Car il se pourrait bien que, dans l'humaine engeance,

Nous fussions tous un peu tambour-major.

IX.

LES DEUX CHATTES.

A M. le Marquis de la Rochefoucauld-Liancourt.

Deux chattes angora, Grisette et Fine-Mouche,
    Habitaient le même logis.
Après avoir donné le jour à trois jolis
        Petits,

La première mourut en couche,
En pressant sur son cœur ses fils infortunés ;
L'autre, plus malheureuse qu'elle,
Mit au monde six chats morts-nés :
Jugez de sa peine cruelle !
Or, comme, en proie à son chagrin,
Elle allait promenant, le lendemain matin,
Par toute la maison sa douleur maternelle,
Des enfants de Grisette elle entendit les cris,
Accourut auprès d'eux, ranima leur faiblesse ;
Et, les adoptant pour ses fils,
Leur prodigua son lait, ses soins, et la tendresse
Dont toute mère, dans son cœur,
Porte, comme une sainte flamme,
L'ineffable trésor, qu'elle soit chatte ou femme.
Douce occupation qui, trompant sa douleur,
Lui faisait oublier sa perte et son malheur !
Toute la gent féline admirait le spectacle
De cette touchante action ;
Déjà même il était, m'a-t-on dit, question

De faire demander pour elle un prix Monthyon,

Quand un vieux chat se mit à crier : « Beau miracle !

Eh ! pauvres sots, ce qu'elle en fait,

C'est pour se garantir de la fièvre de lait. »

Ce vieux chat, à l'esprit morose

Devait descendre, je suppose,

En droite ligne, ou peu s'en faut,

De celui de monsieur de la Rochefoucauld.

Car le noble auteur des *Maximes*,

Dans les actes les plus sublimes,

Voyait l'amour-propre infiltré

Hélas ! et quoique exagéré ;

Ce système affligeant, qui n'était pas sans causes

De son temps, est encor, dans ce siècle vanté,

D'une trop grande vérité.

Oui, je sais qu'à bien voir les choses,

Qu'à les analyser, et qu'à fouiller au fond

De tout ce que les hommes font,

On trouve et, la plupart du temps, à fortes doses,

L'intérêt personnel et l'égoïsme ; mais

Je n'ai pas tant de rigorisme,

Et je dis : vive l'égoïsme !

Quand il produit de bons effets.

X.

L'ALOUETTE ET LE MIROIR.

Par une belle matinée
Du mois de mai; lorsque l'année,
Brisant les liens odieux
Dont l'hiver la tint enchaînée,

Relève son front radieux,

Et, d'aubépine couronnée,

Répand comme un parfum de bonheur en tous lieux,

Une alouette, au haut des cieux,

Le corps balancé sur la nue,

Par ses accents mélodieux,

Gaîment célébrait la venue

Et des beaux jours,

Et des amours;

Quand tout-à-coup s'offre à sa vue,

Au-dessous d'elle, dans un champ,

Un miroir; cet objet l'attire.

Vers lui soudain elle descend,

S'en approche, puis se retire,

Et puis revient, et puis s'y mire,

Sans songer, hélas! que des rets,

Ont, tout auprès

Et pour l'occire,

Été cachés dans les guérêts.

Tandis que, tout à ses attraits,

Elle s'admire,

Voilà, du sein

D'un bois voisin,

Que quelqu'un tire

Une corde traîtresse, et, crac,

Voici notre étourdie au sac

Du chasseur qui n'en fait que rire,

Et la met dans sa poêle à frire.

Pleurons sur elle à l'unisson;

Mais ce vous soit une leçon,

Et, vous gardant d'être coquettes,

Retenez cette vérité,

Jeunes fillettes,

Qu'en ce siècle de fausseté,

De chrysocale et de paillettes,

Où les cœurs ont la fixité

Des girouettes,

Il n'est pas que les alouettes

Qu'on prenne par la vanité.

XI.

LE NOYER.

Un énorme noyer couvert de noix superbes
En laissait tomber dans les herbes,
A ses pieds, un nombre infini,
Et des hameaux voisins le peuple réuni

Chaque jour lui faisait visite ;
C'était à qui viendrait et plus tôt et plus vite,
Et quiconque au butin voulait avoir sa part
  Ne devait pas se lever tard.
Or, on conçoit qu'avec une cohue immense
Qui, sans cesse empressée et souriante, accourt
Nous faire, comme on fait aux souverains, la cour,
Volontiers on se croie un arbre d'importance.
Aussi Mons du noyer, tout fier et tout joyeux
De se voir des amis en si grande abondance,
Levait tant qu'il pouvait ses rameaux orgueilleux
Vers le ciel, agitant dans l'air sa tête altière ;
  Et ce mouvement de fierté,
  Faisant pleuvoir ses noix à terre
Avec plus d'abondance et de rapidité,
Lui gagnait d'autant plus la faveur populaire.
Mais, hélas ! dans ce monde où tout est vanité
Plus le bonheur est grand, plus il est éphémère,
  Et son succès ne dura guère.
Les fruits dont ils venaient sous lui se régaler

Diminuant, bientôt amis de détaler
>Suivant leur louable habitude.
Sa dernière noix vit le dernier s'en aller,
>Et, resté dans la solitude,
Il regretta les biens qu'il leur avait donnés.

>Vous qui marchez environnés
D'amis d'autant plus chauds que plus souvent ils dînent
Riches, à vos dépens parfois vous apprenez
Que, si l'on aime bien les gens qui se ruinent,
On ne les aime plus dès qu'ils sont ruinés.

XII.

L'ESSIEU QUI CRIE.

◄-o♦♦o-►

De la voiture l'essieu crie ;
Fais-y mettre du suif, et son bruit va cesser.

Combien d'essieux vivants dont la criaillerie
Se tairait, s'ils trouvaient qui les voulût graisser !

XIII.

LA TÊTE ET LA POINTE DU CLOU.

Entre la tête et la pointe d'un clou,
Je ne sais où,
Quand ni pourquoi, surgit une querelle,
Vive, animée et grave, dans laquelle

Pointe disait à la tête ceci :

« Présomptueuse, oses-tu bien ainsi,

Comme une tête sans cervelle,

Mettre ta force en parallèle

Avec la mienne, et, dans ta déraison,

Affronter la comparaison ?

Moi de qui la puissance est telle

Que je me fais chemin, tant soient-ils durs,

Au cœur du bois et jusque dans les murs. »

L'autre répond : « Oui-da, ma belle,

Ta force est grande et peut tout défier ;

Mais, grâce à qui ? grâce à mon front d'acier

Qui, sans fléchir sous aucune secousse,

Reçoit les coups dont la vigueur te pousse.

Que pourrais-tu sans mon secours ? » — « Tout beau !

S'écria, réveillé par leur bruit, un marteau ;

Onc ne se vit orgueil pareil au vôtre.

Vous m'oubliez, je crois, dans vos débats ;

Sans moi pourtant, mesdames l'embarras,

Que pourriez-vous, s'il vous plaît, l'une et l'autre ?

XIV.

LE ROSSIGNOL MUTILÉ.

A M. DE BÉRANGER.

—※—

Amis, il me souvient qu'au printemps de notre âge,
Hélas ! et ce n'est pas d'hier
Que je parle ; en effet, je sens trop que l'hiver
Nous arrive à grands pas, ce dont, morbleu ! j'enrage ;

Il me souvient qu'un jour, au fond d'un vert pacage,

J'avais dans mes filets surpris un rossignol.

De crainte de le voir s'échapper de la cage

Où j'avais mis ma proie, et reprendre son vol

  Pour s'en retourner au bocage,

  Armant de terribles ciseaux

  Mes mains trop prudemment cruelles,

  Au Paganini des oiseaux

Sous leur tranchant maudit je fis tomber les ailes,

  Sans penser qu'ainsi maltraité

Le chantre du bocage y perdrait sa beauté

  Et sa gaîté.

  Enfin, amis, que vous dirai-je ?

  Aussitôt que, mon sacrilége

Accompli, j'aperçus, tout triste et tout honteux,

Le pauvre rossignol, muet et l'air piteux,

Dans sa cage en un coin se tenant immobile,

  J'en fus promptement dégoûté

  Et lui rendis la liberté :

  Bienfait, hélas ! plus qu'inutile

A l'infortuné volatile
Que je venais de mutiler.
L'innocent animal, ne pouvant plus voler,
Ainsi lâché dans une ville,
Y sera bientôt mort de faim
Sans doute,
A moins que quelque chat, le trouvant sur sa route,
N'ait, en l'exterminant, à son malheur mis fin.
De cette erreur de ma jeunesse
Je me suis repenti longtemps.
Aujourd'hui même encor, riez de ma faiblesse,
Si vous voulez, amis, lorsque je vais aux champs,
De l'oiseau chéri du printemps
Je ne saurais ouïr les chants
Sans un sentiment de tristesse.

O rois, beaux oiseleurs de qui l'autorité
Commande à des oiseaux parfois un peu rebelles,
Par la raison, par l'équité,
Par la justice et la bonté,

Sachez vous les rendre fidèles ;
Mais qu'à leurs droits jamais il ne soit attenté.
L'oiseau n'est beau qu'avec ses ailes ;
L'homme, qu'avec sa liberté.

XV.

LE BŒUF ET LE MOUCHERON.

o⊰❋⊱o

Sur la corne d'un bœuf nonchalamment couché
    Parmi les fleurs de la prairie,
    Dans son vol plein d'étourderie,
    Un moucheron s'était perché.

« Holà ! monsieur le bœuf, dit-il, je suis fâché
De vous avoir troublé dans votre rêverie,
Et je fais humblement à votre seigneurie
  Mes excuses d'avoir osé,
  Sans être d'elle autorisé,
Sur son auguste chef m'adjuger cette place.
  Si j'ai pris cette liberté,
  Je l'ai fait par nécessité
Et non, croyez-le bien, par un excès d'audace,
Il le fallait, pour fuir le bec d'un étourneau
De qui le ventre allait me servir de tombeau.
 Mon aile en est même encor lasse ;
Mais je ne vous veux pas être à charge, et, de grâce,
  Si je suis un trop lourd fardeau
Pour votre tête, et que ma présence vous gêne,
Jusqu'à ce vert buisson qu'on aperçoit là-bas,
  Je puis voler sans trop de peine.
  Ne vous incommodé-je pas ?
Expliquez-vous : faut-il qu'à partir je m'apprête ? »
  Lors le bœuf, impatienté

De voir si grosse vanité
Dans un si petit corps de bête :
« De quoi vas-tu t'inquiéter ?
Ami, dit-il, sans ta requête,
De ta présence sur ma tête
Est-ce que j'aurais pu seulement me douter ? »

Partout, et plus en France
Qu'en tous autres endroits,
Est commun ce qui pense
Peser plus que son poids.

XVI.

LA CHASSE AUX PETITS OISEAUX.

o-⚭-o

Avant la nouvelle loi,
   Selon moi,
   Si cocasse
   Sur la chasse,

Avec filets et réseaux,

J'allais chasser aux oiseaux ;

Ce que, sous peine sévère,

Nous ont interdit de faire,

Dans leur amour des moineaux,

Nos législateurs nouveaux.

Alors, et pour cet usage,

En mainte petite cage,

J'avais et portais aux champs

D'autres oiseaux dont les chants,

Le langage et le manége

M'aidaient et faisaient, au piége

Caché par moi dans les sillons,

Tomber maints pauvres oisillons.

Car, chez l'oiseau comme

Chez l'homme,

Et vous l'avez sans doute appris,

Ou le pourrez bientôt apprendre

A vos dépens, il est admis

Qu'au piége où l'on s'est laissé prendre

On aime à voir ses amis

Pris.

XVII.

LE PAYSAN ET SON SEIGNEUR.

Un jour, un paysan vint trouver son seigneur :
« Ah ! monsieur, dit-il, quel malheur !
J'avions, sauf vot' respect, un cochon, personnage
Si bénin qu'on l'eût pris, n'eût été du lainage,

Pour un mouton plutôt que pour un porc.

Eh bien ! le drôle hier, rentrant du pâturage,

S'est sur un de vos chiens jeté comme un butor,

  Et l'a mordu de telle rage,

  Que le pauvre animal n'est plus. »

 — « Tu vas me compter cent écus,

  Dit le maître, pour ce dommage.

Et tu me livreras, pour qu'il soit mis à mort,

Ton cochon. Je prétends, morbleu, qu'on le contemple

Au croc du charcutier ; car il faut que son sort

  A ses pareils serve d'exemple,

  Et leur apprenne à respecter,

Comme c'est leur devoir, les chiens des gentilshommes.

  Il convient par-là d'arrêter

  La licence ; au temps où nous sommes

Elle fait chaque jour des progrès affligeans.

  C'est une horreur ! bêtes et gens

Ne respectent plus rien ! » Mais le rustre : « Ah ! mordienne,

Que dis-je ? et quelle erreur, maladroit, est la mienne !

La langue m'a fourché dans la bouche ; je viens

De dire que mon porc avait d'un de vos chiens
Tranché la vie. Eh bien, monsieur, c'est au contraire
  Votre chien qui, dans sa colère,
S'étant, en vrai butor, rué sur mon pourceau,
  L'a laissé mort sur le carreau.
Vous allez, n'est-ce pas, j'en suis certain d'avance,
  Car je sais par expérience
  A quel point vous avez bon cœur,
M'en faire en bons écus rembourser la valeur? »
  — « Si l'affaire s'est comportée
Comme elle m'est par toi maintenant racontée,
  Il faut, répartit le seigneur,
  Que ta bête, par quelque offense,
  Se soit attiré son malheur,
  Car Briffaut n'est pas querelleur
  Et n'eût pas commencé, je pense.
  Pour qu'elle ait ainsi pris l'essor,
  Il faut que quelque irrévérence
  Ait excité sa violence.
Donc, c'est un point constant, ton cochon avait tort,

Et de sa conduite coupable
Peut-être on aurait du te rendre responsable ;
Mais, puisque après tout il est mort,
Cette punition nous suffit. La justice
T'eût sans doute imposé quelque autre sacrifice.
En ta faveur tu vois que nous nous relâchons
De la rigueur du droit; ainsi donc quitte à quitte ;
Retourne-t-en, bonhomme, et prends soin par la suite
De mieux éduquer tes cochons. »

Que le faible au puissant demande
La réparation d'un tort qui lui fut fait,
Ce sera grand bonheur s'il est
Renvoyé sans payer l'amende.

XVIII.

L'ENFANT ET L'ÉCHELLE.

―◆―

Des enfants, l'autre jour, jouaient à la cachette ;
J'en vis un qui, monté dans un grenier à foin,
De peur qu'elle ne fît découvrir sa retraite,
Poussait à coups de pieds, et rejetait au loin,

Au risque presque sûr de la briser, l'échelle

> Dont il venait d'avoir besoin
>
> Pour grimper dans sa citadelle,
>
> Et cela ne m'étonna point ;

Car plus d'un homme fait lui ressemble en ce point.

> Il est même fort ordinaire

D'en trouver qui, comblés d'honneurs, de dignités,

Méconnaissent la main qui fit leur sort prospère :

Ingrats qui vont jetant leur échelle par terre

Pour qu'on ne sache pas comment ils sont montés.

XIX.

L'ÉPONGE.

Regardez un peu cette éponge
Si maigre et d'un si triste aspect
Tant que ma main la laisse à sec.
Eh bien, voilà que je la plonge

Dans l'eau tiède, et voilà soudain,

Voilà qu'au sortir de ce bain

Elle se gonfle de manière

A ne plus tenir dans ma main,

Et s'étale aux yeux large et fière.

Que fortune prenne un faquin,

Un bohême, un chercheur d'obole,

Et qu'aux flots dorés du Pactole

Elle lui lave le groin ;

Soudain, vous allez voir le drôle

Se redresser, fier et hautain,

Regardant par-dessus l'épaule

Ceux à qui, dans son ancien rôle,

Il aurait demandé du pain.

XX.

LE VER LUISANT ET LE CRAPAUD.

Par un beau soir d'été, sur le bord d'un chemin,
Dans une herbe fine et légère,
Brillait un ver luisant qui ne s'en doutait guère.
Non loin de là dans un ravin

Habitait un crapaud. Du fond de sa caverne,

Apercevant l'insecte, il accourt, et soudain

  L'inonde de son noir venin.

« Hélas ! que t'ai-je fait, dit le porte-lanterne,

A me traiter ainsi quel est ton intérêt ? »

« — Tu brilles, lui dit l'autre, et cela me déplaît. »

Plût au ciel qu'il ne fût, dans ce monde où fourmille

Une engeance à l'esprit envieux et malin,

  Que les crapauds pour jeter du venin

    Sur ce qui brille.

LIVRE TROISIÈME.

I.

LE POÈTE ET LA MOUCHE.

A M. LE MARQUIS DE POUDRAS.

« Ah ! je te tiens, mouche taquine,
Enfin te voilà prise, et tu vas me payer
Le long bourdonnement dont tu te plais, coquine,
Depuis une heure à m'ennuyer.

Crois-tu donc, artiste barbare,

Que ton éternelle fanfare

Ait pour moi beaucoup d'agrément,

Et qu'il faille qu'incessamment,

D'une insistance sans pareille,

Tu me la cornes à l'oreille ?

Meurs, meurs ; le trépas seul peut me venger assez

Du long et trop cruel supplice

Qu'a fait subir à mes esprits lassés

Ton insupportable malice. »

Je gourmandais ainsi l'insecte vertement,

Lorsqu'à mon grand étonnement,

Prodige bien fait pour confondre !

J'entendis fort distinctement,

D'entre mes doigts sortie, une voix me répondre :

« Eh quoi, la mort ! Mais quel forfait

T'a pu mettre envers moi dans ce courroux extrême?

Quel est mon crime, qu'ai-je fait
Que tout le long du jour tu ne fasses toi-même?

Je chante, et ma chanson te déplait; voilà bien,
    Voilà bien la justice humaine.
L'homme ne veut partout d'autre bruit que le sien;
    Ma poésie importune la tienne,
Et ton bourdonnement prend ombrage du mien.

    Que dirais-tu si, quand tu chantes
Des odes que parfois je trouve assez méchantes,
Je voulais imposer silence à tes accents,
    Et, te disant qu'elle m'ennuie,
    Te priais de garder pour toi ton harmonie,
    Et de ne pas troubler mes chants?

    Je te fais perdre quelque rime;
    Ne voilà-t-il pas un grand crime?
Peut-être tes lecteurs m'en sauront quelque gré.
Ta poésie à toi ne gêne pas la mienne,

Et, si ma voix trouble la tienne,
C'est qu'à tort tu te dis par le ciel inspiré.

Va, nos chants à tous deux n'ont pas même origine :
Tu composes les tiens ; les miens viennent de Dieu ;
Et ma voix, qui redit la musique divine,
    Ne se trouble pas pour si peu. »

Ainsi parla l'insecte, et son discours fit naître
    En mon âme comme un remords ;
Envers lui malgré moi je me sentis des torts,
    Et, ma main ouvrant la fenêtre,
    Je le mis doucement dehors.

Car il avait raison, il faut le reconnaître ;
Moucheron et poète ont leur bourdonnement
Dont chacun va frappant les airs incessamment,
    Comme s'il en était seul maître,
Et, quoique monotone, insipide, ennuyeux,
Celui du moucheron n'est pas toujours peut-être
    Le moins supportable des deux.

II.

LA GAZETTE ET L'ALMANACH.

※

L'autre jour dans ma chambrette,
Qui fut bien surpris ? ma foi,
Ce fut moi,
Lorsque j'ouïs ma gazette,

Jusque-là sourde et muette,

Dire à l'almanach nouveau,

    Qui, dans son manteau

        De veau

Dont la dorure étincelle,

Paisiblement auprès d'elle,

Se tenait sur mon bureau :

» Voyez, comme il fait le beau,

      Ce néophyte,

       En lévite

De basane et d'oripeau.

Gageons que le damoiseau,

De ce que la main distraite

De notre maître furette

A chaque instant sous sa peau,

Vrai magasin à sornette,

S'imagine, en son cerveau

       D'étourneau,

Qu'il doit à ses hauts mérites

L'honneur de tant de visites

Faites *ab hoc* et *ab hac*.

Ah ! Monsieur de l'almanach,

Se peut-il que l'on s'abuse

A ce point ! Mais, triple buse,

Ne sais-tu pas que, nouveau

   Tout est beau,

Almanach, femmes et rose?

Si tu te vois visité

Tant de fois, ta nouveauté

Seule peut en être cause.

Mais le temps fuit à grands pas,

Vieillissant, rose, almanachs

Et femmes et toute chose.

Ta gloire, qui va marchant

Tous les jours vers son couchant,

Doit, la pauvre infortunée,

Expirer avec l'année. »

— » Et, dit l'autre, en se penchant

Vers sa voisine étonnée,

La tienne avec la journée. »

Nous voyons tous ici bas
Un fétu dans l'œil des autres ;
Une poutre est dans les nôtres,
Et nous ne la voyons pas.

III.

LA PETITE FILLE ET LA POUPÉE.

o⇒⇐o

« Oh! dis-moi, qu'as-tu fait, enfant, mon doux amour,
    De la grande et belle poupée
    Que je te donnai l'autre jour ?
    — Au feu, ma foi, je l'ai campée.

— Au feu ! Pourquoi cela? — C'est que, voyez-vous bien,
Je lui disais toujours : Je t'aime ! je t'adore !
  Et que l'insensible pécore
  Ne me répondait jamais rien.
— Cela t'apprenne, enfant, qu'il faut être toi-même
  Aimable, si tu veux qu'on t'aime. »

IV.

LE JEU D'ÉCHECS.

Au jeu d'échecs, le roi, la reine, les pions
Et les fous, chacun a son rang, ses fonctions.
Puis, lorsque de jouer la compagnie est lasse,
Survient quelque valet dont la main les ramasse ;

Et roi, reine, pions et fous,
Au même sac vont dormir tous.

Sur l'échiquier du monde, ainsi chacun de nous,
Parmi les sommités ou dans la populace,
A son rôle petit ou grand,
Jusqu'à ce que la mort survienne qui nous prend
Et nous met, sans aucun égard pour notre rang,
Pêle-mêle dans sa besace.

V.

LES DEUX CHIENS ET LE LOUP.

Deux chiens depuis long-temps rivaux,
Dès qu'en un même champ ils gardaient leurs troupeaux,
Entraient aussitôt en querelle,
Et, l'un sur l'autre se jetant

Et se battant,

Paraissaient animés d'une haine immortelle.

Certain jour que de loin il les voyait lutter,

Un loup qui désirait tâter

De leurs brebis, se dit : l'occasion est belle

D'attaquer les troupeaux dont ils sont les gardiens.

Il s'en approche donc ; mais voici que les chiens,

Oubliant leurs discords, tous deux se réunissent,

Contre le brigand qu'ils punissent,

En l'étranglant, d'avoir compté sans leurs crochets.

Faut-il s'en étonner ? non, ils étaient anglais.

Laissant avec le loup leurs troupeaux se débattre,

Peut-être que des chiens français

N'auraient pas cessé de se battre.

VI.

LE COUCOU.

Maître coucou n'a rien d'aimable
Dans le plumage et dans la voix,
Et de tous les oiseaux des bois,
C'est bien le plus désagréable

Cependant il n'est inconnu

De personne, et pas un n'ignore

Le nom de la sotte pécore

Qui, dès le beau temps revenu,

Fait dans la forêt qui résonne,

Tout le printemps et tout l'été,

De son cri cent fois répété,

Retentir le bruit monotone.

Bel exemple et bien imité

De ceux qui, n'ayant pas le talent d'être aimables,

Parviennent à se faire une célébrité

A force d'être insupportables.

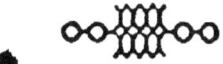

VII.

LES TROIS ARBRES.

O-)∞(-O

Il était au milieu d'un bois
Deux grands arbres qui, hauts et droits,
Se moquaient toute la journée
D'un autre arbre bas et tortu

De qui la tige infortunée,
Presque à moitié déracinée,
Pliait, sans force ni vertu,
Sous le poids du moindre fétu
Et de sa triste destinée.
Or, voici qu'une après-dînée,
Voici, dis-je, qu'un charpentier,
Muni d'argent plein sa pochette,
S'envient au bois et qu'il achète,
Pour les besoins de son métier,
Nos deux railleurs au front superbe.
Un bûcheron le suit de près,
Dont la cognée étend sur l'herbe
Ces deux merveilles des forêts.
Grâce à sa taille humble et petite,
Le rabougri resta debout.

Il n'est parfois pas bon du tout
De briller par trop de mérite.

VIII.

LE CHARLATAN.

—∞—

Mes chers amis, hier je rencontrai
Un charlatan sur la place publique,
Au milieu d'un peuple attiré
Par sa discordante musique

Et par la splendeur métallique

De son habit vert-pomme où le clinquant doré,

En bandelettes étiré,

Tel qu'un ruisseau qui fuit à travers la verdure,

Serpentait sur chaque couture.

A la foule qui se pressait

En cercles redoublés autour de sa voiture,

Pompeusement il annonçait

Qu'en sus de la bonne aventure,

Que d'ordinaire il leur disait,

Cette fois étant la dernière

Que chez eux il prophétisait,

A qui voudrait

Il apprendrait

Le moyen de pouvoir toujours se satisfaire

En toute chose, et de se procurer

Tout ce qu'on pouvait désirer.

« Oui, disait-il, messieurs, mesdames,

Et, si je mens, je veux que Dieu me jette aux flammes

De l'enfer; oui, j'ai su, par mes travaux nombreux,

Trouver l'art, roi des arts, le grand art d'être heureux ;
Car quel plus grand bonheur que de voir tous ses vœux
Accomplis, et d'avoir tout ce que l'on désire ?
Fillettes dont le cœur soir et matin soupire,
   Et qui voudriez des époux
    Qui, fous de vous,
  De vous pourtant ne fussent pas jaloux ;
Garçons, non moins sensés, qui voudriez des femmes
Fidèles, et brûlant toujours des mêmes flammes,
   Chose peu commune, entre nous;
Vieilles, qui voudriez rajeunir, et vous tous
Qui désirez de l'or, des honneurs, des bijoux,
   Approchez, approchez, je donne,
   Sinon tout cela, le moyen
   De l'avoir et presque pour rien,
Ou pour si peu vraiment qu'il va n'être personne,
   Parmi vous, qui ne s'en étonne.
   Mais, halte-là ! me direz-vous,
Combien nous coûtera ce beau, ce grand mystère ?
   Eh ! messieurs, mon prix ordinaire :

La bagatelle de deux sous.

Je ne demande que de faire
Mes frais, n'attendant rien au-delà que l'honneur
D'avoir, vulgarisant ici-bas le bonheur,
Mis ses bienfaits à la portée,
Et, pour ainsi dire, en la main
De la classe du genre humain
La plus nombreuse et la moins bien rentée.
Le bien public, voilà ma seule passion
Et mon unique ambition,
L'ambition des grandes âmes.
Allons, messieurs ; voyons, mesdames,
Profitez de l'occasion.
Pour ne pas en user il faudrait, sans reproche,
N'avoir pas dans sa poche,
Dans sa bourse, ou dans son gousset,
Deux sous, car pour deux sous, deux simples sous, l'on sait
Son destin et celui de ses fils, de ses filles ;
On a le grand moyen de voir tous ses souhaits,
A peine faits,

Couronnés de succès ;

Et, comme de coutume, un quarteron d'aiguilles,

Un étui pour les mettre, et deux passe-lacets.

C'est fabuleux, c'est incroyable,

Et si le vrai parfois peut-être invraisemblable,

C'est ici ; je suis vieux et j'ai beaucoup marché,

Et jamais, sur l'honneur ni sur aucun marché,

Je n'ai trouvé pareil marché ! »

A ces mots, qu'il croyait d'un effet immanquable,

Il se tut ; et je vis tout-à-coup, alléché

Par ce modèle des programmes

Si bien fait pour les enchanter,

Un essaim d'hommes et de femmes,

De celles-ci surtout, car on sait que les dames

De notre grand'mère Ève ont eu soin d'hériter

Et sa nature curieuse,

Et son empressement à se laisser tenter

Par toute annonce merveilleuse,

Je les vis se mouvoir et se précipiter

Vers l'orateur pour acheter

Sa recette miraculeuse.

Le drôle, les faisant monter

Auprès de lui l'un après l'autre,

Rapidement leur débitait

Son éternelle patenôtre,

Horoscope banal, le mien comme le vôtre,

Qu'inattentivement chacun d'eux écoutait.

Puis arrivant, d'un air discret,

Au grand secret,

A la merveille,

Sans pareille,

Pour laquelle ils étaient tout feu :

« Or, maintenant, oyez un peu,

Disait-il, leur parlant de plus près à l'oreille,

D'avoir tout ce que l'on veut

Voici, la suive qui peut,

La méthode;

Elle est commode :

C'est de ne jamais vouloir

Que ce que l'on peut avoir. »

Le mot était étrange ; il se peut qu'on en rie.

Même il a, j'en conviens, dans son expression,

Certain air de plaisanterie.

Cependant je le crois digne d'attention

Plus que maint autre qu'on affiche ;

Et je tiens d'un savant derviche

Que, quels que soient son rang et sa condition,

Il n'est qu'un seul trésor, la modération,

Qui fasse l'homme vraiment riche.

IX.

L'HOMME ET L'ANGUILLE.

Pierrot, sur le bord d'une eau vive,
Un beau matin se promenant,
Aperçut, dormant
Sur la rive,

Une anguille; il était friand
Autant que personne qui vive,
Et s'en saisit. Lors, se voyant
Ainsi surprise, dame anguille
Se débat, s'agite, frétille,
 Et se tortille,
Afin d'échapper à la main
Qui d'autant plus le corps lui serre
 Qu'elle veut faire
 Plus de train.
Enfin, sentant qu'à son destin,
 Pour se soustraire,
Elle se révoltait en vain.
« Je dois, dit-elle, en conscience,
Vous avertir que vous calculez au plus mal,
Mon cher, de me donner ainsi la préférence,
A moi dont vous n'aurez qu'un fort triste régal ;
Lorsque trois pas plus loin vous avez là, sur l'herbe,
 Un aspic, animal superbe
 Et qui, certes, ferait, je croi,

Votre affaire bien mieux que moi.

L'aspic à la sauce tartare

Est un mets délicat et rare,

Et digne, à ce qu'on dit, de la bouche d'un roi. »

Mais Pierrot, au seul nom du terrible reptile

Qu'il tremble de voir réveillé :

« Me prends-tu pour un imbécile ?

Qui, moi, dit-il tout effrayé,

De cette redoutable engeance

Au lieu de me mettre à distance,

Je m'en irais, ainsi qu'une tête à l'évent,

Lui présenter ma main à baiser ! plus souvent !

Je crains trop son venin pour risquer l'imprudence

De faire avec lui connaissance.

En courra qui voudra,

La chance ;

Mais à coup sûr ce ne sera

Pas moi, morbleu, qu'on y prendra. »

Ainsi toujours il en ira ;

Homme, reptile, ou même insecte :

Soyez bon, l'on vous mangera ;

Soyez méchant, on vous respecte.

X.

LE SERMON D'ANTOINE DE PADOUE.

Un saint digne qu'on le loue,
Saint Antoine de Padoue,
A l'église vint chercher
Auditeurs pour les prêcher ;

Mais, nonobstant porte ouverte
Et cloche agitée en vain,
L'église restait déserte;
Ce que voyant, le grand saint,

Triste et morne, de sa chaire
Saute à bas, et sans façon
S'en va droit à la rivière,
Pour y prêcher au poisson.

Carpes d'abord, bouche béante,
Et de toute oreille écoutant,
Accourent à sa voix tonnante :
Jamais sermon aux carpes ne plut tant.

Puis brochets qui toujours bataillent,
Admirant si fort qu'ils en baillent,
S'approchent, montrant leurs crochets.
Jamais sermon ne plut tant aux brochets.

Puis la gent fantastique et blême
Qui de tout jeûne est en carême,
Pour entendre l'homme sacré,
De toute part est accourue.
Jamais la nation morue
N'avait sermon trouvé plus à son gré.

Puis les gens de noble famille,
Sieur du saumon et dame anguille
Viennent aussi. Jamais sermon
N'a tant charmé l'anguille et le saumon.

Puis l'écrevisse et la tortue,
A la marche lente et tortue,
Arrivent, à pas cette fois
Un peu moins pesants et plus droits.
Jamais sermon n'avait en tel délice
Mis la tortue et plongé l'écrevisse.

Bref, il faut voir grand et petit poisson,

La populace et les notables,

Levant la tête à l'unisson

Comme personnes raisonnables,

Et tous à l'envi se pressant

Pour mieux saisir, au sortir de la bouche

De l'homme saint, le discours qui les touche;

Car tel était l'ordre du tout-puissant.

Par son auditoire aquatique,

Avec le silence extatique

Le plus profond, tant qu'il parla,

Fut écouté l'illustre apôtre.

Il se tut ; chacun s'en alla ;

Et qu'advint-il de là ?

Pas autre,

Pas autre chose que cela :

Les carpes restèrent voraces,

Et les saumons toujours rapaces,
Mons brochet toujours dévora
Force goujons qu'il digéra.

L'écrevisse capricieuse
Marcha tortu comme devant,
Et l'anguille fut amoureuse
Ni plus ni moins qu'auparavant.

Resta la race des tortues
Lente et paresseuse surtout,
Et l'on voit encor les morues
Aussi blêmes, aussi goulues ;

Car sur le bord de l'eau comme partout,
Beau sermon plait, finit, et... voilà tout.

XI.

L'ORTOLAN.

❦—∞—❦

L'ortolan, aux oiseaux chanteurs
Dont la voix au printemps égayait le bocage,
Disait : « Oh ! vous avez des talents enchanteurs ;
Mais, si je n'en ai pas de pareils en partage,

Cela, messieurs, n'empêche pas
Que de nous tous ici je ne sois le plus gras. »

Cet ortolan avec sa graisse,
C'est quelque richard insolent
Dont tout l'esprit, tout le talent
Git dans sa caisse.

XII.

LE CERISIER.

o⊠⊠o

Un cerisier tançait la troupe mal apprise
D'écoliers, qui pendant trois grands jours, à grand bruit,
S'étant régalés de son fruit,
S'éloignaient en croquant sa dernière cerise :

« Se peut-il, race de Judas,
Qu'envers un bienfaiteur sans honte on se conduise
Ainsi qu'à mon égard vous l'osez faire, ingrats !
    Eh quoi ! ne rougissez-vous pas,
Après que je vous ai gorgés de ma substance,
    De manquer de reconnaissance
    A ce point de m'abandonner
Tout seul, comme on ferait de quelque vieille souche ? »
— « Ami, dit un ormeau, son voisin, quelle mouche
Et te pique, et te pousse à si mal raisonner?
Tu te plains qu'ayant fait à tes dépens ripaille
    Cette parasite marmaille
    Ait cessé de t'environner ;
Et te voilà contre eux t'épuisant à tonner.
    De tes clameurs dont ils se raillent,
Franchement, n'est-on pas en droit de s'étonner ?
    Tu n'as plus rien à leur donner,
    Et tu ne veux pas qu'ils s'en aillent ! »

XIII.

L'ÉCREVISSE ET SA FILLE.

※

A sa fille, un beau jour, mère écrevisse dit :
« Allons, petite, on vous contemple ;
Tâchez de marcher droit. » La fille répondit :
« Ma mère, je veux bien, mais montrez-moi l'exemple.

Vous qui désirez à bon droit
Ne rien voir de travers aller dans vos familles,
Pères, devant vos fils; mères, devant vos filles,
Ayez bien soin de marcher droit.

XIV.

LE LIVRE DE MINERVE.

La conduite du genre humain,
Dans le mal progressait d'un train
Tel, que, touché de sa misère,
Le dieu qui porte le tonnerre

Et les orages dans sa main,

  Jupiter lui-même,

   Un matin,

Ayant, au grand maître suprême,

Au vieux sempiternel destin,

Demandé de le lui permettre,

Entreprit, dit-on, de remettre

Les hommes dans le droit chemin.

   La déesse,

   De la sagesse,

  De sa nature, un peu

    Bas-bleu,

Minerve, avait, en beau langage,

Écrit un merveilleux ouvrage,

Un livre sans comparaison,

   Livre à l'usage

   De tout âge,

Qui, traitant de l'art d'être sage,

Avait pour titre : *La Raison.*

Or, des mortels le divin père

Crut que, répandu sur la terre

Ce beau chef-d'œuvre, il adviendrait

Que le monde s'amenderait

A sa lecture, et cesserait

D'être un amas de gens à pendre.

Mais point n'en résulta l'effet

Qu'à juste titre on en devait

   Attendre.

  Comme ils auraient fait

   D'un hochet,

Petits enfants s'en amusèrent,

   Et, vrais lutins,

   Le décorèrent

Et de pâtés et de pantins.

Les jeunes gens le proclamèrent

   Pleins d'erreurs

   De toutes couleurs.

L'homme le mouilla de ses pleurs,

Et les vieillards le déchirèrent.

XV.

LE PAYSAN ET LE MERISIER.

※※※

« Quelle amertume abominable !
Oh ! cette fois, de par le diable,
Ce que je dis n'est pas un jeu ;
Et tu seras par moi, cet hiver, mis au feu,

Pour t'apprendre à donner des fruits si détestables
Que leur âpre saveur prend les gens au gosier. »
Ainsi parlait Gros-Pierre au pauvre merisier
Qui végétait derrière une de ses étables.
L'autre lui répondit : « Que ne me greffiez-vous !
   J'en aurais donné de plus doux. »

O vous, aux soins de qui, de Dieu la main auguste,
Confia, dans un fils, un précieux arbuste,
Tâchez, si vous voulez qu'il porte de bons fruits,
De greffer la sagesse en ses jeunes esprits.

XVI.

LE FACTIONNAIRE.

A M. DE BÉRANGER.

C'est une vérité cent fois dite et redite,
Mais qu'on ne saurait trop dire encor de nos jours.
    Qu'en ce monde on n'a pas toujours
        Ce qu'on mérite.

J'avais porté mes pas vers le palais des rois ;
Un soldat en gardait l'entrée.
Son front chauve et sa joue autrefois déchirée
Attestaient de lointains exploits.

Sur ses traits, obscurcis d'une noble poussière,
On lisait que sa vie entière
Pour son pays ne fut qu'un long combat ;
Et pourtant, à sa boutonnière
Mon œil cherchait en vain la croix chère au soldat.

Pensif, je m'arrêtais ; quand soudain à ma vue
S'offrit un jeune fat au maintien orgueilleux :
L'étoile de l'honneur, à son sein suspendue,
Des rayons du soleil réfléchissait les feux.

Le soldat l'aperçut et lui porta les armes ;
Mais au bruit du mousquet se joignit un soupir,
Et mes yeux, dans les siens, virent briller deux larmes
Qu'il s'efforçait de retenir.

XVII.

LE FLACON D'ESSENCE.

Agitez cette essence en sa prison de verre,
Elle acquiert un parfum plus fort, plus pénétrant.
Tel, frappé par le sort, un noble caractère,
Sous les coups du malheur se montre encor plus grand.

XVIII.

LE QUARTAUT DE JUPITER.

—◦◦◦—

J'ai lu dans Babrius que Jupin, aussitôt
Qu'il les eût fabriqués, dans un petit quartaut
Rassembla tous les biens du monde,
Et qu'en ayant bouché soigneusement la bonde,

Aux mains de l'homme il le remit.

Or, l'homme était déjà le mari de la femme,

Et quand la nuit, couché près d'elle, il s'endormit,

Voilà sur-le-champ que madame

Se lève, et que, cédant au désir curieux

De voir ce que pouvait, de beau, de précieux,

Renfermer le quartaut céleste,

Elle y court, le débouche, et fait, ô sort funeste!

S'enfuir les biens qui tous retournèrent aux cieux,

Hormis l'espérance, partie

La dernière, et qui fut reprise à sa sortie.

C'est ainsi que, des biens inclus

Au quartaut merveilleux, l'homme aujourd'hui n'a plus,

N'a plus, hélas! que l'espérance.

Mais à lui seul ce bien, de ceux qu'il a perdus

Le console, et lui fait supporter leur absence,

En lui persuadant qu'ils lui seront rendus.

XIX.

L'ENFANT ET LE ROSSIGNOL.

A M. LACHAMBEAUDIE.

Un jour de sortie au collége,
Certain jeune fripon d'écolier, petit Paul,
Par son père conduit aux champs, tendit un piége
Où vint étourdiment se prendre un rossignol.

Aussitôt qu'il le voit, sa proie,

Tout souriant et le cœur plein

De joie,

Vers lui s'élance le malin

Gamin.

Avec précaution il saisit dans sa main

Et couvre de baisers la pauvre bestiole

Qui crie et se débat : « O cher petit ami,

Lui dit-il, ne va pas, comme une tête folle,

Te croire aux mains d'un ennemi ;

Car, vois-tu, de toi je raffole

Et veux te faire bienheureux.

D'abord, mon cher petit peureux,

Je t'emporte à la ville, et là, dans une cage

Resplendissante, vrai bijou

D'ivoire, d'or et d'acajou,

J'établis ton petit ménage

Où rien ne manquera de tout

Ce qui pourra flatter tes desirs et ton goût.

Herbe toujours nouvelle, eau toujours fraîche et pure,

Graines de toute sorte et de toute nature,
Vers de farine, œufs de fourmi,
Le tout en abondance et jamais à demi,
Vont t'offrir une douce et saine nourriture.
Dans la retraite heureuse et sûre
Où je te vais placer, cher trésor de mon cœur,
Une égale température
Te défendra du froid comme de la chaleur.
A l'abri du plomb du chasseur
Et des filets de l'oiseleur ;
A l'abri surtout de la serre
Et du bec du milan, ce cruel ravisseur,
Tu vas, goûtant un sort prospère,
Couler en paix des jours où ton unique affaire
Sera de célébrer, si tu veux, le bonheur
Que mon amour t'aura su faire,
Et de chanter en mon honneur. »
Cela disant, il saute et ne se sent pas d'aise,
Et pour mieux voir l'oiseau qu'il baise et qu'il rebaise
L'imprudent entr'ouvre sa main,

Mais, ô malheur ! voilà soudain
Que l'autre qui guettait l'occasion propice
Légèrement entre les doigts lui glisse,
Qu'il s'envole, et qu'il va sur le prochain ormeau
Se percher tout joyeux ; et là, faisant le beau,
Et du bec étirant son plumage qu'il lisse,

   Au marmot

   Qui sans dire

   Un mot

D'en bas le regarde et soupire,
Dans un couplet de sa chanson
Il adresse cette leçon :
« Le sort qui m'attendait chez vous, mon petit homme,

   Etait superbe en vérité ;

Mais cet heureux destin et tous ces biens, en somme,

   M'auraient coûté

   La liberté.

N'eût-ce pas été, je vous prie,
Les payer un peu cher ? Ma liberté chérie,
La douce liberté, pour mon cœur est un bien

Sans quoi les autres ne sont rien,

Et votre cage d'or et d'acajou si belle,

Dites-moi, s'il vous plaît, qu'est-elle ?

Une prison, et vous en êtes le geôlier.

Or, sachez mon jeune écolier,

Et vous eussiez, Dieu me pardonne,

Du l'oublier

Moins que personne,

Qu'il n'est point de belle prison. »

Dans son style

De volatile,

Ce rossignol avait raison.

XX.

LA JEUNE OURSE ET LA VIEILLE CORNEILLE.

A l'archevêque de Cambrai
J'emprunterai
Le trait suivant. — Une ourse au monde
Venait de mettre un fils si laid

Qu'au risque de gâter son lait

Par trop d'émotion profonde,

La dame, hélas! se désolait,

Et, dans son deuil, mal se voulait

De n'être pas née inféconde.

En effet

Ce qu'elle avait fait

Etait chose horrible et difforme,

N'ayant, dans son être anormal,

Ombre ni forme

D'animal,

Et la vue en était hideuse,

A ce point que, toute honteuse

D'avoir produit

Un pareil fruit,

A certaine vieille

Corneille

Qui demeurait non loin de là,

Elle alla, dans sa peine amère,

Conter son aventure : « Holà !

Dit-elle, ma bonne commère,
Conseillez-moi, que dois-je faire
Du petit monstre que voilà ?
Faudra-t-il donc, bonté divine !
Que moi-même je l'extermine ? »

« — Gardez-vous de cela,
Voisine,
Répondit l'autre, votre cas,
Quelque triste qu'il soit, n'est pas,
N'est pas, croyez-moi, sans ressources,
Allez, allez, j'ai bien des fois,
Au fond des bois,
Vu d'autres ourses
Dans l'embarras où je vous vois.
Ainsi que vous désespérées,
Toutes pourtant s'en sont tirées
Heureusement, et, Dieu merci,
Vous vous en tirerez aussi.
N'ayant pas encore été mère,
Vous ne pouviez savoir, ma chère,

Que tous les ours naissent ainsi,

Et que d'abord, masses informes,

Ils ne doivent plus tard leurs formes

Qu'au soin que prennent leurs mamans,

Dans leur enfance,

De les lécher à tous moments.

Or donc, loin de perdre espérance,

Hâtez-vous et vous dépêchez,

Léchez, ma voisine, léchez

Votre lourde progéniture,

Bientôt

Vous verrez le magot,

Acquérant figure

Et tournure,

Devenir joli comme un cœur

Et mignon à vous faire honneur. »

Facilement ce qu'on souhaite,

On le croit. Voici la pauvrette

Qui lèche, lèche, et voilà son

Fils qui devient, sous ses caresses,

Un ourson,

De belle façon,

Plein de grâce et de gentillesses.

Ceci vous soit une leçon,

O grands écrivains à la mode,

Qui possédez l'art si commode

D'enfanter roman sur roman ,

En moins de temps que pour les lire

Il n'en faudrait assurément ;

Et qui, pour qu'on pût y suffire ,

Dûtes, en fabricants

Prudents ,

Vous interdire

D'en publier dorénavant

Plus d'un certain nombre par an.

Las ! de tout ce débordement,

De génie et de sentiment ,

A tant la page ,

Dans l'avenir , moi je crains bien

Qu'il ne surnage

A peu près rien.

Car, dussé-je exciter votre ire,

Mes seigneurs, je dois vous le dire,

Les œuvres dont vous accouchez,

Si facilement et si vite,

En dépit de leur grand mérite,

Ne sont que chefs-d'œuvre ébauchés.

De la verve, par trop féconde,

Qui dans vos veines surabonde,

Et dont, sans cesse, vous lâchez

Sur nous, pour nos péchés,

La bonde,

Suspendez quelque peu le cours,

Et, quand vous les mettez au monde,

Pour Dieu, messieurs, léchez vos ours !

LIVRE QUATRIÈME.

I.

L'ÉVÊQUE ET LE PAYSAN.

—o)o:(o—

Ça, mon enfant,
Que l'on me dise
Ce que défend
Expressément

Le sixième commandement,

Disait un prince de l'église,

Catéchisant

Un paysan,

Qui, rouge comme une cerise,

Balbutia d'un ton des plus mal assurés :

« *Luxurieux point ne serez.* »

Cette réponse fit sourire

L'évêque qui soudain reprit :

« *Point ne serez* n'est pas, mon cher, ce qu'il faut dire.

Au décalogue il est écrit :

Point ne seras. » Sur quoi le rustre qui soupire

Réplique en s'inclinant : « Pardonnez mon erreur,

J'ignorais qu'il fallût tutoyer Monseigneur. »

De la naïveté du sire

Un autre aurait pu se fâcher ;

Mais, n'ayant jamais eu rien à se reprocher,

Le bon prélat ne fit qu'en rire.

C'est ainsi que toujours les plus honnêtes gens
Sont aussi les plus indulgens.

II.

HERCULE ET LE BOUVIER.

Traduit du grec de Babrius.

o-⚭-o

Un bouvier, loin de son village,
Voiturait une fois
Du bois.
Or, voici, pendant le voyage,

Qu'arrivé sur un sol trop mou,

L'équipage, en un large trou

S'enfonce, et que le personnage,

Sans essayer le moindre effort

Pour retirer son attelage,

Aux pleurs se livre tout d'abord ;

Puis, à son mal pour tout remède,

A genoux, au bord du chemin,

Il se jette et crie : « A mon aide,

Grand Hercule ! » Le dieu soudain

Apparaît et dit : « Mets la main

A la besogne ; de la boue

Qui l'environne et la retient

Débarrasse-moi cette roue,

Et pique tes bœufs. Il convient

Qu'en tout, pour se tirer d'affaire,

L'homme d'abord mette du sien

Et fasse tout ce qu'il peut faire.

Recourir aux dieux est fort bien,

Et les prier est salutaire.

Désormais, pourtant, s'il t'advient

D'entrer dans quelque fondrière,

Avant d'user de ce moyen,

Commence par t'aider toi-même, ou n'attends rien

De ta prière. »

III.

LA JEUNE FILLE ET SA GRAND' MÈRE.

—o◄▻o—

« Grand Dieu ! quel changement soudain ,
Disait à sa grand'mère, en entrant au jardin ,
    La jeune et charmante Isabelle ,
  Combien sont laides ce matin
Ces roses dont chacune était hier si belle !

La grêle ou la foudre aurait-elle,

Dans un si court espace, atteint

Et froissé sans pitié ces fleurs infortunées ? »

— Non, répondit la mère avec beaucoup de sens,

Ces roses dont l'éclat charmait hier tes sens,

Et que, triste aujourd'hui, tu retrouves fanées,

Du temps seul ont subi la loi.

Nature, en les créant, ne leur a fait octroi

Que d'une existence éphémère ;

Leur destin est pareil au sort de la beauté,

Autre fleur non moins passagère

Et dont un rien suffit à dissiper l'éclat.

Garde-toi donc, ma chère enfant, de faire état

D'un si fugitif avantage,

Et te souviens qu'il est peu sage

D'y mettre son bonheur. Dans ce monde, vois-tu,

Il n'est qu'une fleur toujours belle,

Toujours fraîche, toujours nouvelle,

Et cette fleur, c'est la vertu :

Cultive-la, ma fille, elle est seule immortelle.

IV.

LE CHÊNE ET LE ROSEAU.

Traduit du grec de Babrius.

Un jour d'effroyable colère,
Le vent sur nous se déchaîna,
Et son souffle déracina
Un chêne, géant séculaire

Qui, descendant avec fracas

De la colline,

S'alla plonger, vaste ruine,

Au fleuve qui coulait en bas.

Comme sur les ondes

Profondes,

Il naviguait, roi détrôné,

Le grand arbre fut étonné

De voir, debout après l'orage,

Tout un peuple de verts roseaux

Qui, se pressant au bord des eaux,

Semblait saluer son passage.

« Eh quoi ! s'écria-t-il, eh quoi !

D'humbles roseaux, frêles brins d'herbe,

Ont bravé la tempête, et moi,

Arbre géant, chêne superbe,

Je suis tombé sous son effort !

Hélas ! après ce qui m'arrive,

Que sert-il d'être grand et fort ? »

Un petit roseau de la rive

Qui l'entendit,
Lui répondit :
« D'un fait qui n'étonne
Personne,
A tort tu te montres surpris.
Quand la raffale mugissante,
Sur la terre au loin gémissante,
Va, de terreur et de débris
Semant sa trace,
Vous, chênes, orgueilleuse race,
Sous son formidable roulis,
Vous vous dressez, remplis
D'audace,
Et, ne craignant pas de lutter
Contre elle et de lui résister,
A ses fureurs vous donnez prise ;
Mais, de peur qu'elle ne nous brise
Quand elle souffle sur nos bords,
Loin de vouloir faire les forts
Et les superbes,

Au niveau des plus humbles herbes
Nous avons soin de nous coucher,
Et laissons gronder les tempêtes
Qui, dans l'air, par-dessus nos têtes,
Passent ainsi sans nous toucher.

Des citoyens borde-rivage
    J'aime l'usage
Et je l'approuve, et je dis, moi,
Que, dans le calme ou dans l'orage,
Vouloir avec plus fort que soi
Entrer en lutte, n'est pas sage.

V.

LE NEZ ET LE TABAC.

o-«()»-o

Mon nez un soir dit au tabac
Qui garnissait ma tabatière :
« Je ne sais, maudite poussière,
Dont j'use et ab hoc et ab hac,

Par quel mic mac,

Il peut se faire

Qu'à tout ainsi je te préfère,

Dans mon amour désordonné,

Au goût dont je suis dominé

J'ai, sacrifiant toute chose,

Oublié pour toi les senteurs,

Les parfums les plus enchanteurs,

Et délaissé, sans autre cause,

Jusqu'aux plus odorantes fleurs.

Oui, je le dis avec douleurs,

Réséda, violette et rose

Ne sont, hélas! plus rien pour moi

Qui suis toujours rempli de toi,

Ingrat. Et quelle récompense

Me revient-il de cet amour?

Plus il acquit de violence

Et plus je vis de jour en jour

Diminuer la jouissance

Que tu me procurais jadis.

Plus je te chéris,

Moins tu fis

Sentir, à ma triste narine,

Le piquant, la saveur divine

Que dans tes sucs nature a mis.

Va, tu n'es rien qu'ingratitude ! »

— Oh ! je vous arrête à ce mot,

Interrompit l'herbe à Nicot ;

De ce qui vous arrive il faut

Ne vous prendre qu'à l'habitude,

Et qu'au défaut

D'avoir été prudent et sage.

Sachez, monarque du visage,

Que tout bien dont on fait usage

Exige, pour se maintenir,

Qu'on le ménage,

Et tâchez de vous souvenir,

Beau personnage,

Si vous en avez le loisir,

Que tout plaisir qu'on prend sans cesse,

D'abord s'émousse, et bientôt cesse

D'être un plaisir.

VI.

LA JEUNE FILLE ET LE CHARDON.

Lise reprochant au chardon

Les dards acérés dont il s'arme :

« Le rosier en a bien, dit-il. — Eh! crois-tu donc,

Reprit-elle, que c'est en cela qu'il nous charme? »

Un grand homme autrefois l'a dit,

Et, moi petit,

Je le répète,

Et ma fable, par là, va se trouver complète :

Quand sur une personne on prétend se régler,

C'est par les beaux côtés qu'il lui faut ressembler. »

VII.

LE CHEVAL, LE BŒUF ET LE RENARD.

oXo

Un bœuf qui se croyait à la course un zéphire
  Se prit un jour à défier
  Un jeune et brillant destrier,
  Et pas n'est besoin de vous dire
Lequel des deux, au but arrivé le premier,

Enleva les bravos de toute l'assistance.

Ce ne fut maître bœuf, comme bien chacun pense.

Zéphire, à ses dépens fait sage, mais trop tard,

  Aux effets de son imprudence

Il alla dans un coin réfléchir à l'écart.

Pour son rival, tandis que fier de sa victoire,

Au sein des spectateurs, à l'envi se pressant

  Sur ses pas et l'applaudissant,

Il marchait, étalant son triomphe et sa gloire,

Il avise un renard qui seul ne disait rien

Et n'applaudissait pas : « Holà ! maître vaurien,

Lui cria-t-il, pourquoi dans cette foule immense

Qui m'admire, es-tu seul à garder le silence? »

—Seigneur, dit le renard, un cheval vaincre un bœuf

A la course, n'est pas malaisé ni bien neuf,

  N'en déplaise à votre excellence,

Et je réserve, moi, mon admiration

Pour le jour où, vainqueur d'un moins lourd champion,

Nous vous verrons, cueillant une palme plus belle,

En vitesse passer le cerf et la gazelle.

VIII.

LE CHÊNE ET LE COCHON.

—◦§◦—

« Monsieur le porc, disait au cochon certain chêne,
Quand je vous nourris de mon gland,
Il me semble que, pour ma peine,
Vous me devriez bien quelque remercîment. »

—Eh ! de quoi veux-tu donc que je te rende grâce ?
>   Dit l'autre avec un grognement ;
Si je dois quelque chose à quelqu'un, c'est au vent
>   Dont le souffle, en te secouant,
Te force à laisser choir les fruits que je ramasse. »

Bien raisonné, ma foi, pour un porc ; en effet,
C'est dans l'intention que gît tout le bienfait.

IX.

LA RENTE VIAGÈRE.

Un jour que j'étais en Touraine,
Savourant, loin du bruit de la moderne Athène,
Des plaisirs dont l'hiver m'allait déshériter,
Devant moi vint se présenter

Le maître d'un petit domaine
Enclavé dans les miens et produisant à peine
De quoi le faire subsister.
Vieux et chargé des maux qu'avec lui l'âge amène,
Il ne pouvait plus exploiter
Sa chevance, et m'offrit, dans le but d'augmenter
Son revenu, de prendre à rente viagère
Sa chaumine et dix-huit ou vingt morceaux de terre
Dont le limaçon le plus lourd
Eût pu, sans se presser, faire en un jour le tour.
Ce vieillard n'ayant fils ni fille,
Ne se connaissait de famille
Que deux individus, ses parents de très-loin,
Et qui tous deux vivant, sinon dans l'opulence,
Du moins dans une large aisance,
De ce qu'il possédait n'avaient aucun besoin ;
De sorte que, par obligeance,
J'acceptai
Sans difficulté
Les offres qu'il venait me faire,

Et qui, devant le rendre un peu moins souffreteux,
Et de l'œil d'un voisin affranchissant ma terre,
En même temps de tous les deux
Faisaient on ne peut mieux
L'affaire.
Or, je ne sais par quel mystère
Mon homme qui semblait, au moment du marché,
Par un fil seulement à la vie attaché,
La chose une fois terminée,
Reprit soudain, et, comme un vieux tronc de bouleau
Aux racines duquel on mettrait du terreau,
Reverdit d'année en année.
Ce résultat d'abord me fit plaisir à voir ;
Mon ame se sentait doucement émouvoir
Au spectacle
De ce miracle,
Et je payais non-seulement
Exactement,
Mais, je puis dire encor, gaîment,
Au barbon, devenu de jour en jour plus ferme,

A l'échéance, chaque terme
De sa rente, tant qu'à la fin,
A force de payer, un beau jour il advint,
Comme cela, dit-on, arrive
Assez souvent, que sa chétive
Bicoque et son méchant terrain
Se trouvaient achetés deux ou trois fois peut-être
Ce qu'ils valaient, sans que du maître
La santé ne se démentît,
Non plus que le bon appétit.
Certes, j'ai bien l'ame aussi bonne
Que tout autre, et ne veux le malheur de personne.
Vous le dirai-je cependant :
Un soir que je comptais avec mon intendant,
Malgré moi, je me suis, je l'avoue à ma honte,
Surpris, et la rougeur au front encor m'en monte,
A calculer tout bas la valeur d'un écu,
Et trouver que cet homme avait long-temps vécu.

A quelque taux, lecteur, que tu

Te prises,

Garde-toi de trop mettre aux prises

Ton intérêt et ta vertu.

X.

L'ESCARGOT PARVENU.

Sur la cime d'un chêne un escargot grimpé,
Les oiseaux s'étonnaient : « Comment a-t-il pu faire,
Disaient-ils, pour monter si haut ? — La chose est claire,
Répondit un lapin, messieurs, il a rampé. »

Il a rampé. Ce mot nous dit tout le mystère
Du succès de certains magots.
N'importe ! Puisqu'il est, enfants, sur cette terre,
Pour conduire aux grandeurs deux chemins inégaux,
Prenons toujours, dût-on nous traiter de nigauds,
Le droit chemin, celui que suivent d'ordinaire
Les hommes de talent, de cœur, de caractère,
Et laissons l'autre aux escargots.

XI.

LA POULE ET LE VIEUX DINDON.

◘○-○◘

Un vieillard bon et charitable,
Et pour moi surtout regrettable,
Qui bien des fois enfant fus porté dans ses bras,
Quand quelqu'un devant lui se plaignait des ingrats,

Lui répondait par cette fable
Que j'ai bien retenue et que, quand je devrais
Vivre plus de cent ans encor, je n'oublirais
>	Jamais.
Une poule de Caux qui s'était vu soustraire
>	Tous les siens, un jour à l'écart
>	Rencontra des œufs de canard,
>	Et, dans son désir d'être mère,
Se mit à les couver. Près d'elle par hasard
Passait un vieux dindon : « O ma pauvre commère,
>	Quelle peine prenez-vous là
>	De vouloir faire
>	Éclore les œufs que voilà ?
Ne savez-vous donc pas à quelle sotte engeance
>	Vos bons soins vont donner naissance ?
>	Ignorez-vous que les maudits
>	Petits
>	Qui vont vous devoir l'existence,
N'auront pas avec vous, c'est moi qui vous le dis,
>	Le moindre trait de ressemblance,

Et que, dès qu'ils seront sortis

De la coquille, c'est leur manière de vivre,

Ils s'en iront au sein des eaux

Où vous ne pourrez pas les suivre,

Naviguer tout le jour comme de vrais bateaux,

Sans s'inquiéter de leur mère

Qu'ils laisseront en proie à sa douleur amère

Pour aller prendre leurs ébats,

Et là-bas

Se donner carrière

Sur la mare et sur la rivière.

— Cela peut être vrai, je n'en disconviens pas,

Dit la poulette ; mais que voulez-vous ? j'éprouve

Plaisir et jouissance à couver, et je couve ;

Même le charme que j'y trouve

Est si grand, que j'aurais, à défaut d'œufs moins gros,

Couvé, je crois, celui dont vous êtes éclos.

Quant à ceux qu'avec tant de zèle

Vous me voyez ici réchauffer sous mon aile,

Lorsque j'en prends un si grand soin,

Je ne fais, entre nous, que céder au besoin
Qu'en mon cœur a mis la nature,
Et peu m'importe après qu'ils soient ou ne soient pas
Ingrats,
Car ce que je fais en ce cas
Est tout autant pour moi que pour eux, je vous jure. »

Tel était son récit. Puis il disait : « Eh bien
N'est-ce pas que ma poule avait d'un cœur chrétien
Et le langage et la croyance ?
Vous demandez ce qui revient
Des bonnes actions et de la bienfaisance :
Eh quoi donc ! comptez-vous pour rien
Le plaisir qu'en sa conscience
On éprouve à faire du bien ?
Pour moi, dans ma longue carrière,
Selon la force et le pouvoir
Dont le ciel daigna me pourvoir,
Je me suis efforcé d'en faire ;
Et de ce que j'ai fait, même pour des ingrats,

Enfants, je vous le dis, je ne me repens pas

  Car la divine Providence,

Et bénie en soit-elle, a voulu qu'ici bas,

  A défaut de reconnaissance

De la part de celui qu'ils ont pris pour objet,

   La bienfaisance

   Et le bienfait

Au cœur du bienfaiteur eussent leur récompense.

XII.

LE LOUP DEVENU VIEUX.

Un loup devenu vieux et qui ne pouvait plus,
Tant il était faible et perclus,
Porter, comme autrefois, la mort et le carnage
Dans les troupeaux du voisinage,

Fit savoir aux bergers qu'il voulait désormais,

Pour gagner le pardon de ses nombreux méfaits,

    Consacrer à la pénitence

    Le reste de son existence,

Demandant seulement qu'on voulût se charger

    De l'héberger

Et le nourrir le temps qui lui restait à vivre.

    Il allait d'ailleurs bientôt suivre

La route qui conduit bergers, moutons et loups

Aux lieux où nous devons tôt ou tard aller tous

    Boire, comme on dit, l'onde noire.

A l'entendre, c'était une œuvre méritoire

Et de peu de dépens, un fardeau bien petit,

Vu qu'il n'avait, hélas! presque plus d'appétit.

    Aux propositions du sire,

    Que leur portait un étourneau,

    Les bergers de se mettre à rire

    Et de s'écrier: « Ah, bravo!

Monsieur le député, voilà, certes, du beau

    Et du nouveau

De pareils sentiments veulent qu'on les admire ;
Mais à qui vous envoie allez, s'il vous plaît, dire
Combien est vif notre regret
De voir qu'il ne les ait pas montrés, pour sa gloire,
Lorsqu'il avait encor des dents à la mâchoire
Et du nerf au jarret. »

L'auteur où j'ai pris cette histoire
Ajoute qu'en ce monde on rencontre beaucoup
De saintes gens comme ce loup,
Convaincus qu'on leur doit de la reconnaissance
Pour de maigres vertus qui chez eux sont l'effet
D'un âge dont le poids leur ôte la puissance
De faire ce qu'ils ont tant et si souvent fait.

XIII.

LE MULET ESPAGNOL.

Lecteur, pour le moment, nous sommes en Espagne,
 Au milieu des rocs sourcilleux
Dont est couvert le sol de la vieille Cerdagne,
 Et tout d'abord s'offre à nos yeux

Un rustre qui gravit le flanc d'une montagne

Sur son mulet aux poils chenus.

Monture et cavalier sont déjà parvenus

A plus des trois quarts du voyage;

Mais la pauvre bête est en nage,

Et voilà que, n'en pouvant plus,

Vieille qu'elle est, et mal nourrie,

En dépit des jurons de son maître qui crie,

Elle s'arrête et fait des efforts superflus

Pour aller en avant. De fatigue perclus,

Ses pieds refusent le service;

Epuisée, elle tombe, hélas! sur les genoux,

Et le rustre, que Dieu bénisse,

S'irrite, l'éperonne, et veut, dans son courroux,

Que jusqu'en haut elle le hisse.

« Ah! dit l'infortunée, expirant à moitié,

De grâce, au nom du ciel, mon maître, ayez pitié,

Ayez pitié de ma faiblesse.

Songez que je vous ai toujours,

Depuis les jours

De ma jeunesse,

Avec zèle servi, vous portant sur mon dos
A toute heure, en tous lieux, et par monts et par vaux.

Pour Dieu, ménagez ma vieillesse !

Jusques ici, d'ailleurs, vous avoir apporté,

Faible comme je suis, n'a, certes, pas été

Pour mes jambes petite affaire ;

N'exigez pas de moi plus que je ne puis faire,

Et permettez ici que je meure en repos.

— Oh ! répond le maître en colère,

Voici vraiment de beaux

Propos.

Tu m'as servi long-temps : te dit-on le contraire ?

Ici par toi je suis monté,

C'est encore une vérité ;

Mais que m'importe ?

C'est là haut qu'il faut qu'on me porte ;

Et, morbleu ! tu m'y porteras,

Ou sous mes coups tu périras. »

Le drôle, en parlant de la sorte,

Frappe et refrappe à tour de bras
Sur la bête qui, bientôt morte,
Trouve enfin le repos dans la nuit du trépas.

Ce rustre, à l'âme impitoyable,
Nous offre le portrait, trop souvent véritable,
De cet être exigeant qu'on appelle obligé
Ou protégé.
Pour l'insatiable pécore
Qui n'est que par vous ce qu'elle est,
Vous avez fait beaucoup, mais faites plus encore
Et faites plus toujours, ou vous n'aurez rien fait.

XIV.

LA TRUIE ET LA LIONNE.

Fière des dix gorets qui la suivaient au bois,
  La truie un jour à la lionne
  Disait : « Oh ! qu'est-ce que je vois !
  N'auriez-vous donc qu'un fils, ma bonne ?

— Un seul; mais, s'il vous plaît, faites attention,
Madame, que c'est un lion. »

Cette truie est monsieur tel ou tel dont la plume
Entasse tous les jours volume sur volume.
Le vulgaire applaudit une fécondité
Qui l'enchante et dont il s'étonne ;
Mais les vrais gens de goût, pareils à ma lionne,
Préfèrent à la quantité
La qualité.

XV.

L'EXPÉDITIONNAIRE.

o-§◊§-o

C'est une erreur des plus profondes
Que de tout voir des yeux de la sévérité :
Chaque chose a son bon côté,
Et tout est pour le mieux dans ce meilleur des mondes.

Un jour qu'il avait un moment
De liberté, certain expéditionnaire
De je ne sais quel ministère,
Comparait, hélas ! tristement
Son pauvre petit traitement
Aux gros appointements de mainte sinécure.
« Ah ! disait-il, en soupirant,
Cent pauvres pistoles par an,
N'est-ce pas faire insulte à l'art de l'écriture ?
En quel temps, en quels lieux a-t-on jamais pu voir
Police plus mal ordonnée ?
Moi qui, chaque jour de l'année,
Sur ce bureau crasseux, cloué par le devoir,
Travaille du matin au soir,
De l'État je reçois à peine
De quoi ne pas mourir de faim ;
Tandis que je connais ici plus d'un faquin,
Qui, n'ayant sur chaque semaine
Du travail que pour un matin,

Tout le reste du temps s'amuse ou se promène ;

  Et néanmoins, pour tant de peine,

Chaque mois au budget, sans rougir, va prenant

Autant, deux ou trois fois, que je touche en un an.

  Si c'est là ce que l'on appelle

De la justice, il faut convenir qu'elle est belle.

  Quelqu'un alors qui l'écoutait

Lui répondit : « Hélas ! pauvre bête de somme,

Si, par ordre du roi, le payeur te comptait,

Pour tes appointements, une aussi forte somme,

Tu n'aurais, travaillant tout le jour sans bouger,

  Jamais le temps de la manger. »

Mot profond et qui nous apprend d'où vient qu'en Perse,

En Prusse, et même en France où tout est si parfait,

L'administration paye en raison inverse

  De la besogne qu'on lui fait.

XVI.

LE POÈTE ET L'ARAIGNÉE.

C'était au temps jadis comme c'est aujourd'hui,
Et comme ce sera toujours l'humain système
D'user sans façon, pour soi-même,
De ce qu'on blâme chez autrui.

Une araignée avait, dans sa toile légère,

 Pris une mouche, et la mégère

En avait aux trois quarts fait son affreux repas,

 Lorsqu'en ruminant une fable,

 Je me trouvai passer à quelques pas

Du gîte où s'escrimait le monstre impitoyable.

 Or, de l'insecte misérable

 Ayant ouï les derniers cris,

 Aussitôt, vers le lieu du crime,

Je m'élance, et ma main, dans la toile en débris,

Abat du même coup meurtrière et victime.

 « Tes forfaits vont avoir leur prix,

 Dis-je, en montrant à l'araignée

La mouche qui par elle avait été saignée

Au point de ne pouvoir plus du tout remuer :

 De quel droit, animal farouche,

 Tuais-tu cette pauvre mouche ?

— De celui dont tu vas toi-même me tuer. »

 Sur ce, de mon pied je l'approche

Et l'écrase ; et, rentré bientôt à la maison,
Je me dis, en voyant un canard à la broche :
« Elle avait parbleu bien raison ! »

XVII.

MON AMI PAUL.

Dans un vallon aimé des cieux,
Au bord d'un lac délicieux,
Un de mes bons amis, Paul, est propriétaire
D'un fort joli castel et d'une vaste terre

Qui lui donne un gros revenu.

Moi de qui l'avoir est menu

Et que le sort quelquefois pince,

Nonobstant quoi je vis pourtant

Assez content

Du lot qu'en sa bonté le ciel m'a fait si mince,

Dans le fond de quelque province,

Si j'en pouvais avoir autant,

Je serais heureux comme un prince,

Comme un roi même, en admettant

Qu'un roi, ce que je ne crois guère,

Soit heureux plus que le vulgaire.

Quant à Paul, c'est bien différent :

Malgré tous les plaisirs qu'il prend

Et que lui donne sa richesse,

Il n'est, certe, heureux pas du tout,

Ou, s'il l'est, oh ! ma foi, c'est sans qu'il y paraisse,

D'un bout du jour à l'autre bout

Tout son être est empreint d'un grand air de tristesse

Et de dégoût

Que rien ne peut bannir et qu'il porte sans cesse

A la chasse, au salon, à table, au jeu, partout,

Et même, je ne sais si l'amour l'en absout,

      Jusques aux bras de sa maîtresse.

Du reste en son pourpris rien ne manque de tout

Ce qui peut faire à l'homme une joyeuse vie.

Au dedans, table ouverte incessamment servie

      De mets exquis et délicats ;

Lits moëlleux et draps fins ; cave des mieux garnies ;

Riche bibliothèque où brillent des génies

      De nos jours les vers à fracas,

Et de nos vieux auteurs les œuvres moins fleuries,

A l'usage de ceux qui, comme moi, n'ont pas

Encore assez d'esprit pour faire plus de cas

Des chefs-d'œuvre nouveaux que de ces vieilleries.

Au dehors, parc immense où s'égarent les pas,

Ici dans un bocage et là dans des prairies ;

      Serres-chaudes, orangeries

      Et parterres remplis de fleurs

Aux parfums les plus doux, aux plus riches couleurs ;

Guérets où le gibier, complaisant à l'extrême,

Vient au bout du fusil se placer de lui-même ;

Grands lacs où le poisson, qui s'ébat au soleil,

Accourt dans les filets du pêcheur ; sources pures

    Dont la fraîcheur et les murmures

Sur leurs bords verdoyants appellent le sommeil.

Puis, le soir au salon, journaux, caricatures,

Albums délicieux, ravissantes peintures ;

Johannot et Daumier, Topffer et Devéria,

Et plâtres de Dantan aux grotesques figures ;

Animaux que Granville en hommes habilla ;

    Juif errant que l'illustre Sue

A faire voyager ses dix volumes sue ;

Chinois de paravent que Borger copia,

    A ce qu'il dit, d'après nature,

Et l'illustration au rébus qui torture ;

Et le billard, et tous les jeux qu'imagina

L'homme pour abréger le temps si court qu'on a

    A demeurer dans ce bas monde,

Où je ne sais pas trop pourquoi Dieu nous a mis.

A tout cela joignez une foule d'amis,

Chose qu'on dit si rare, et dont pourtant abonde

Le riche, quand il sait se montrer généreux.

Et, pour tout dire enfin, vingt plateaux somptueux

Courant incessamment et portant à la ronde,

Entre les rangs épais qui s'ouvrent devant eux,

Glaces, sorbets et punch et sirops onctueux.

Eh bien, malgré cela, malgré cette abondance

De biens qu'il va livrant avec munificence,

Déjà, je vous l'ai dit, Paul n'a pas l'air heureux

  Et semble user de sa richesse

Par devoir, et de peur de faire impolitesse

A la fortune. Un jour qu'il était de moitié

  Plus triste encor qu'à l'ordinaire :

« Tenez, lui dis-je, ami, votre air me désespère,

Et véritablement vous me faites pitié.

  Quelle noire et funeste idée

  D'ennuis sans cesse et de dégoûts

  Tient ainsi votre ame obsédée,

  Lorsque vos jours seraient si doux,

Si vous vouliez? Le sort fut prodigue envers vous.

Est-il, s'il vous plaît, entre nous,

Faveur que son amour ne vous ait concédée?

Votre beauté fait des jaloux ;

Même en contentant tous vos goûts,

Les amis obligés et l'indigence aidée,

Vous dépensez au plus vingt mille écus par an,

Et vous avez, je crois, cent mille francs de rente.

— Hélas ! dit-il en soupirant,

C'est vrai, mais mon voisin en a lui cent quarante. »

Oh ! malheur, malheur à celui

Qui, même en ayant trop, n'a pas assez encore

Tant que quelqu'un a plus que lui.

L'ambition n'est pas, moi, ce qui me dévore ;

D'en attrister mes jours je ne suis pas si sot.

Des autres quelque soit le lot,

Sachons, mes chers amis, nous contenter des nôtres.

O vous, riches qui l'êtes trop,

Sur vos coursiers pur sang courez le grand galop,

J'enfourche mon bidet sans m'occuper des vôtres,

Et, suivant mon petit chemin au petit trot,

Pourvu que j'aie assez, peu m'importe que d'autres

Aient plus qu'il ne leur faut.

XVIII.

LES LUNETTES DE COULEUR.

⊙❋⊙

Un de ces jours passés, c'était, je crois, dimanche,
Je revenais du poste et rentrais au logis
  En pantalon d'étoffe blanche.
« Que vous avez, papa, s'écrie un de mes fils,

Une belle culotte verte !
— Verte ! interrompt soudain son frère, mais à quoi

Songes-tu donc ? Je prétends, moi,

Qu'elle est bleue, archi-bleue, entends-tu bien? — Oui, certe !

J'entends bien, de plus je vois clair,

Et c'est pourquoi je dis que c'est là du drap vert.

— Vert pour les gens de qui la vue,

Comme la tienne, a la berlue ;

Mais pour moi j'ai l'œil bon, et je soutiens, morbleu !

Que de papa le pantalon est bleu.

Il est vert. — Bleu, te dis-je ! » et le poing sur la hanche,

Ils vont, je crois, des mots passer aux coups,

Quand, me plaçant entre deux : « Taisez-vous !

Leur dis-je, ma culotte est blanche.

Si vous la voyez autrement,

La faute en est à l'instrument

Dont vos paupières sont couvertes.

Toi, Cyprien, as sur les yeux

Mes lunettes à verres bleus,

Et toi, Paul, mes lunettes vertes.

Otez-les, et sachez qu'il ne faudra jamais,
Dans ce monde où bientôt vous ferez vos entrées,
Quand vous voudrez savoir la couleur des objets,
Les regarder avec lunettes colorées. »

XIX.

LE RENARD ET LES RAISINS.

Certain renard gascon, un des nombreux cousins
    De celui du bon La Fontaine,
D'humeur moins philosophe et d'ame un peu plus vaine,
Tout au haut d'une treille aperçut des raisins

A la peau brillante et dorée.

Le galant en eût fait volontiers son repas,

D'autant plus qu'il voyait d'en-bas

D'oiseaux de toute sorte une troupe altérée,

De ces fruits savoureux faisant large curée.

Au butin pour avoir sa part,

Je le sais, car j'étais dans un coin à l'écart

Et de là je le voyais faire,

Mons renard, poussé par la faim,

S'exhaussait sur le bout de ses pieds de derrière

Et sautait, alongeant le museau, mais en vain :

Ce lui furent sauts inutiles,

Bonds impuissants, efforts stériles,

Trop haute était, ma foi, la table du festin ;

Il lui fallut passer sans avoir rien atteint.

Touché de son désir d'avoir part à l'agape,

Un oiseau qui tenait au bec un gros raisin

Lui voulut en jeter un grain ;

Mais le drôle eût voulu pour lui toute la grappe,

Et des yeux seuls il la mangea,

Ce dont très-fort il enragea.

Un peu plus tard, voici chez la gent animale

Qu'il vint à s'établir une société

Dite comice de morale.

Renard voulut en être, et, s'étant présenté,

Allégua sa sobriété,

Sa tempérance à toute épreuve.

« Je ne suis pas gourmand, disait-il, et, pour preuve,

Sachez que l'automne passé

Un jour qui fesait chaud et que j'avais chassé,

J'arrivai non loin d'une treille

Où pendaient des raisins de beauté sans pareille,

Au parfum d'ambre, à la peau d'or.

Tandis que mille oiseaux, tous d'un commun essor,

Tombaient sur cette riche proie:

Qui suffisait à peine à l'ardeur de leur faim,

Je ne me détournai pas même de ma voie

Et passai sans vouloir y goûter d'un seul grain,

Quoique d'avoir ma part d'un aussi beau festin

J'eusse pu me donner la joie. »

Comme il parlait, certain oiseau
Qui, sur les branches d'un ormeau,
Avait non loin de là pris place à l'improviste,
Interrompit soudain son discours et lui dit :

« Holà ! monsieur le moraliste,
Ne vous vantez pas tant, s'il vous plaît, à crédit,
Et ne donnez pour tempérance
Ce qui ne fut l'effet que de votre impuissance.
De feu votre cousin, sachez qu'il est écrit
Qu'à la grappe n'ayant pu mordre,
Ce philosophe d'un autre ordre
Dit qu'elle était trop verte, et très-sagement fit :
Vous avez plus d'orgueil et beaucoup moins d'esprit. »

Gens désintéressés qui vous vantez sans cesse
D'avoir su résister à l'attrait du pouvoir,
Pourriez-vous nous faire savoir
A qui cette fable s'adresse ?

XX.

COMME LE TEMPS PASSE.

o-♠-♦-♣-o

« Monsieur l'homme du roi, dites, quand voulez-vous
    Faire juger ce pauvre diable ?
Voilà trois mois et plus qu'il est sous les verroux.
    — Trois mois ! Cela n'est pas croyable.

— Comptons : c'est en juillet qu'il fut pris par mandat,
Et novembre demain d'octobre prend la place.
— Oui vraiment, dit le magistrat,
C'est drôle, comme le temps passe ! »

Vite il passe en effet, (il avait bien raison
Ce magistrat irréprochable)
Pour lui, pour vous, pour moi, non pour le misérable
Attendant sa sentence au fond d'une prison.

LIVRE CINQUIÈME,

1.

L'ENFANT ET LE PAPILLON.

◄∞►

« Petit coquin de papillon,

Heureux coureur de fleurs nouvelles,

Vole, vole; malgré tes ailes,

Je te prendrai, petit fripon »

De poudre d'or, sur ses ailettes,
De mille couleurs bigarré,
Un papillon, le long d'un pré,
Voltigeait au sein des fleurettes.
Soit que du splendide pavot
Il passât à la clématite,
Ou qu'il laissât la marguerite
Pour le muguet au blanc grelot,
Un enfant joli comme un ange,
A la joue en forme d'orange,
Demi-nu courait après lui,
Et pan ! il le manquait, et pui,
Et puis une maligne brise,
Soufflant à travers les roseaux,
Faisait voltiger sa chemise
Et voir son joli petit dos.
Enfin le papillon s'arrête
Sur un bouton d'or printannier,
Et l'enfant, qui tient sa main prête,

Accourt : « Te voilà prisonnier,

Petit coureur de fleurs nouvelles,

Et tu vois si j'avais raison

Quand je disais : Malgré tes ailes,

Je te prendrai, petit fripon. »

Et, joyeux, vers sa maisonnette,

Pour le voir, pour l'apprivoiser

Et pour lui donner un baiser,

Il l'emporte dans sa mainette.

Mais, quand il r'ouvre ta prison,

Il ne trouve, ô douleur cruelle !

Que la poudre d'or de ton aile,

Petit coquin de papillon !

II.

LE PEIGNE.

Pour un peigne trouvé par eux
Et qu'ils voulaient avoir tous deux,
Gros-Pierre et Petit-Jean l'autre soir se fâchèrent,
Et, dans leurs transport belliqueux,

Non sans s'être poché les yeux,

Ils s'arrachèrent

Jusqu'au dernier de leurs cheveux.

Par quoi l'objet litigieux

Leur étant devenu chose peu nécessaire,

Le vainqueur ne s'amusa pas

A l'aller ramasser ; qu'en aurait-il pu faire ?

Tout honteux, on le vit chez lui porter ses pas

Et son ambition déçue.

Bien des luttes, bien des combats

N'ont point ici-bas

D'autre issue.

III.

UNE AVENTURE DE TAILLEUR.

&-oo-&

Certain tailleur peu scrupuleux,
Comme on dit que le sont les gens de cette espèce,
D'ordinaire, sur chaque pièce
De drap qu'on soumettait à ses ciseaux fameux,

Honnêtement levait la dîme ;
Puis des divers produits de ce prélèvement
Qu'entre nous il croyait chose très légitime,
Le drôle fort habilement
Tirait parti, voici comment.
Après qu'il les avait fait préalablement,
Par un commun séjour dans la même teinture,
Nuancer uniformément,
Il en formait un tout qui, joint artistement
Par une invisible couture,
Lui fournissait ensuite abondamment
Habits et pantalons pour sa progéniture,
Qui se trouvait ainsi, par ce petit trafic,
Vêtue, à peu de frais, aux dépens du public.
Il usait de ce stratagême
Depuis assez long-temps déjà ;
Lorsqu'un jour, maladresse extrême !
Erreur funeste ! il négligea
De mettre au fond de sa chaudière
L'ingrédient et la matière

Qui donnaient la solidité,

La durée et la fixité

A sa teinture, de manière

Que les divers morceaux d'étoffe que sa main

Le lendemain

Y mit au bain,

Par l'effet seul de la lumière

Reprirent en quelques matins,

Tant ils se trouvaient mal reteints,

Chacun sa nuance première.

La fraude par là mise à nu,

Chaque client (le mot pratique

Est de nos jours mot inconnu,

Et client est le mot technique :

On est client d'une boutique

Comme Milon jadis le fut

De Cicéron qui discourut

Pour lui d'un ton si pathétique);

Chaque client donc reconnut,

La preuve en était nette et claire,

Ecrite en vivant caractère
Sur le dos des fils du vaurien,
Comment ce tailleur peu chrétien
Ecourtait les coupons d'étoffe
Qu'on lui donnait. Finalement
La pratique peu philosophe
Se fâcha sérieusement ;
De sorte que le garnement
Se trouva par l'effet de cette catastrophe
Abandonné bientôt complètement
Pour quelque autre par qui fut faite
Plus adroitement
Seulement
Et d'une façon plus discrète,
Même chose probablement.

Il est en tout lieu sur ce globe
Force industriels comme lui,
Qui montent aux dépens d'autrui
Non seulement leur garde-robe,

Mais encor tout ce qui s'en suit.

    Sur les épaules

      De ces drôles,

        Si Jupin

     Voulait un matin,

Sans qu'on les mît à la lessive,

Que chacun des divers lambeaux

Dont sont faits leurs manteaux

        Si beaux,

Reprit sa couleur primitive,

Nous verrions d'insolens faquins,

     Toute une file,

     Courir la ville

     En arlequins.

IV.

LE LIERRE ET LE TILLEUL.

Sur le sol d'un jardin rampait un pauvre lierre.
Certain bon vieux tilleul, touché de sa prière,
Voulut bien être son appui,
Et notre arbuste, grâce à lui,

Dans les airs, tout joyeux, porta sa tête altière.

 Sur les bras de son bienfaiteur
 D'abord en légère guirlande
Il courut, lui faisant comme une douce offrande
 Et de son fruit et de sa fleur.
Le vieil arbre, venu le temps de la froidure,
Retrouvait, dépouillé par la bise en fureur,
  Dans sa verdure
  Une parure
 Toujours nouvelle; mais bientôt
 Le lierre qui de bas en haut,
Aux dépens du tilleul poussait outre mesure
 Son envahissante ramure,
 Tout entier vous enveloppa
 Son bienfaiteur et l'usurpa
A tel point, qu'oubliant son ancienne posture,
Il s'alla figurer qu'arbre de sa nature,
 Debout il se tenait tout seul,
Et que, comme un berger disait à sa bergère :
« Viens ici près de moi t'asseoir sous ce tilleul,

Il agita sa feuille et d'un ton de colère :
« O l'ignorant qui ne voit pas,
Leur dit-il, que je suis un lierre ! »

Il n'est, mes amis, ici-bas,
Rien qui s'oublie aussi promptement qu'un service.
Qu'une obligeante main fasse qu'on réussisse,
Les premiers jours, oh ! c'est charmant :
On va proclamant
Hautement
Qu'à son protecteur seulement
On doit l'heureux succès dont on se félicite.
Un mois se passe, et deux, puis insensiblement
On ne le doit tout uniment
Qu'à son mérite.

V.

L'ENFANT ET LE CHAT.

Naguères un bambin allait se promenant
Et déjeûnant
D'une excellente tartelette
Dont ce jour-là sa grand'maman,

Pour le récompenser d'avoir lu couramment,

Chez Félix avait fait emplette.

Tandis qu'à la croquer voluptueusement

Sa mâchoire était occupée,

Dans l'espoir de quelque lippée,

Un chat, par l'odeur alléché,

Doucement s'était approché.

Et suivait tous ses pas en compagnon fidèle,

Autour de lui sautillant, gambadant

Et sans cesse le regardant

D'un œil ardent,

D'un de ces yeux câlins où l'amour étincelle,

Sans compter l'accompagnement

D'un doucereux miaulement.

A cette apparence si belle

D'un si merveilleux dévoûment,

Quel cœur de bronze eût pu ne pas se laisser prendre?

Celui du bambin y fut pris,

Et, pour récompenser un intérêt si tendre

Et si digne de prix,

Avec son ami de voyage
Voilà qu'en marchant il partage
Sa pitance, et qu'il va lui jetant un morceau,
A chaque pas, de son gâteau.
On comprend, sans qu'il soit besoin que je le dise,
Qu'à pareil régime soumise,
Tartelette n'augmentait pas.
Aussitôt qu'il la voit finie,
Maître chat, sans cérémonie,
Sans dire adieu, s'esquive et court porter ses pas
En d'autres lieux, pour faire à d'autres sots la chasse.
Or, tandis que plus prompt que la flèche qui passe,
Plus vite que l'éclair qui luit,
L'ingrat s'enfuit,
L'enfant, de ce départ tout stupéfait, s'arrête
Et du poing se frappant la tête :
« J'aurais bien dû le deviner,
Dit-il, que ce n'était pas moi, méchante bête,
Que tu suivais, mais bien mon déjeûner. »

Que d'hommes qui sont chats sans en avoir la mine !
Fortune vous a-t-elle octroyé de sa main
    Bonne table et grasse cuisine,
Amis autour de vous vont se presser soudain.
    Mais que la déesse infidèle,
Un jour, en s'enfuyant, renverse d'un coup d'aile
    Et brise votre pot au feu,
Plus personne; aux amis vous pouvez dire adieu;
    De ces gens-là plus de nouvelle.

VI.

LA ROSE ET LES AUTRES FLEURS.

Dans un jardin, orgueil de l'empire de Flore,
(Passez-moi ce début classique et peu nouveau),
Sur sa tige placée au bord d'un clair ruisseau,
    Une rose venait d'éclore,

Et fière d'elle-même en se mirant dans l'eau
Et se proclamant la plus belle,
Disait aux autres fleurs qui brillaient autour d'elle :
« Il faut que vous soyez, ma foi,
Ou bien sottes ou bien osées
De vous être, tout près de moi,
Si mal adroitement posées ;
Auriez-vous par hazard espéré d'effacer
Mes attraits et de m'éclipser ?
Apprenez, misérables herbes,
Que devant mes charmes superbes
Vos faibles charmes ne sont rien,
Et que, par mon éclat, toutes je vous domine ! »
Une verveine, sa voisine,
L'interrompit : « On sait fort bien,
Dit-elle, et chacun en convient,
Que vous êtes la fleur divine ;
Mais de l'infériorité
Où l'on est près de vous, ne soyez pas si vaine,
Et, nous dédommageant, par un peu de bonté,

D'un malheur qui profite à votre majesté,
Songez, auguste souveraine,
Que, si nous vous étions égales en beauté,
Vous ne seriez pas notre reine. »

Ce que cette pauvre verveine
Disait à la reine des fleurs,
Je vous le dis à vous, bienheureuses mortelles,
Qui par votre beauté régnez sur tous les cœurs.
Au lieu de leur montrer et dédains et rigueurs,
Soyez bienveillantes pour celles
De qui le triste sort rehausse vos appas ;
Si la laideur n'existait pas,
Que vous servirait d'être belles ?

VII.

LE SAC VIDÉ.

Dans la grange d'une ferme
Etait un sac plein de grain,
Et là, depuis le matin,
Il se tenait droit et ferme;
Si bien qu'en tout autre lieu

On l'aurait pris pour le dieu
Terme.

Or, midi sonné, voilà
Que meûnier passant par-là
Vers lui s'avance, en détache
L'ouverture, et que sa main
Vide en une grande sache
Ce qu'il renferme. Soudain,
Comme un corps d'où sort la vie,
Ce sac superbe et si bien
Tout à l'heure en son maintien,
Sur lui-même se replie
Et, vrai manteau caoutchouc
Après six heures de pluie,
Se laisse aller flasque et mou.

De nous, certe, il en est comme
De ce sac, et c'est un fait
Que gousset bien garni fait
Les trois quarts de l'honnête homme.

VIII.

LES PROFITS DE L'AMITIÉ.

Avec un de ses ennemis
Un homme se réconcilie,
Et pour lui faire chère lie
Soudain tout par écuelle est mis.

Pendant trois grands jours de bombance
Ce ne sont que fêtes, que danse.
Et le champagne coule à flot.
A quelque temps de là certain ami d'enfance
Vient lui faire la révérence,
C'est à la fortune du pot
Qu'on le traite, et cette fortune,
Chez le bonhomme, était chose maigre et commune.

Deux honorables députés,
L'un partisan, l'autre adversaire
Du ministère,
Mais adversaire las d'un rôle trop austère,
Des emplois et des dignités,
Celui-là pour son fils, celui-ci pour son frère,
Ensemble demandaient qu'on leur ouvrît le sac.
L'un, après mainte rebuffade,
Obtint pour tout potage un bureau de tabac;
L'autre, du premier coup, emporte une ambassade.

Des gens et des gouvernements

Telle est et fut dans tous les temps

L'usance :

Tout d'abord pour les ennemis,

On pense ensuite à ses amis,

Quand on y pense.

IX.

LE JEUNE CHEVAL ET LE MAQUIGNON.

Dans un village, aux bords du Cher et de la Loire,
    Un maquignon, un jour de foire,
    Marchandait un jeune cheval,
    Et, pour l'avoir à meilleur compte,

S'évertuait, dit-on, que c'était une honte,

A ne trouver dans le noble animal

Rien que de laid, rien que de mal ;

Et l'on eût dit vraiment que de feu Rossinante

C'était un petit-fils qu'il avait sous les yeux.

Par ce moyen ingénieux

S'en étant à bas prix fait consentir la vente,

Il alla se placer à l'autre extrémité

Du champ de foire, et là, voici que l'effronté,

D'acheteur qu'il était se fait marchand, et vante,

De sa voix la plus éclatante,

La bête qu'il avait, d'un zèle si fervent,

Une minute auparavant,

Tant et si fort dépréciée

Et décriée.

A l'ouïr maintenant c'était

Un cheval merveilleux, un animal parfait,

La bête la plus accomplie,

La plus vive, la plus jolie

Qu'on pût trouver sous le soleil,

Et telle que, voyant qu'ils n'ont rien de pareil,

Lupin et lord Seymour, ces rois de l'écurie,

Vont en pâlir d'envie.

Et cependant,

En entendant

Ces hyperboles saugrenues,

Notre cheval tombait des nues,

De voir qu'on pût tenir en aussi peu de temps

Deux langages si différents.

« O mon maître, dit-il, pardon, mais que je meure

Si je comprends d'où vient que, faisant si grand cas

De moi, vous en ayez tant médit tout-à-l'heure. »

L'autre lui répondit tout bas :

« Cela, mon cher, n'a rien qui doive te surprendre

Ni te mécontenter :

Tout-à-l'heure, vois-tu, je voulais t'acheter,

Et maintenant je veux te vendre. »

Ce monde, que Dieu fit dans un jour de guignon,

Est une foire, et l'homme en est le maquignon,

Et toujours, plus ou moins, quelque intérêt se loge

Dans son blâme ou dans son éloge.

X.

LA LEÇON D'ORTHOGRAPHE.

—◄§·§►—

« Comment, demandait un enfant
A son maître, comment, messire,
Payé comptant doit-il s'écrire ?
— Mon bon ami, cela dépend :

M'apporte-t-on de la monnaie ?

J'écris dans mon ravissement

Par c, o, n, payé content.

Au contraire, est-ce moi qui paie

Des fonds que je vais regrettant ?

J'écris d'une plume moins gaie :

C, o, m, p, payé comptant. »

Ceci peut servir d'épigraphe

A ces gens qu'on verra demain comme aujourd'hui,

Selon qu'il s'agira d'eux-mêmes ou d'autrui,

Prêts à modifier jusqu'à leur ortographe.

XI.

BASTIEN ET ROGER.

o→←o

D'un fabuliste provençal,

D'Hyacinthe Morel je traduis cette fable.

Charmante dans l'original,

Puisse-t-elle, en mes vers passant tant bien que mal,

Vous paraître encore agréable.

Par un beau matin de printemps,
Deux villageois, Bastien avec Roger-Bontemps,
L'un allant au travail et l'autre voir sa brune,
Sur la place de la commune,
Se trouvèrent passer tous deux en même temps.
Mois Roger qui se croit un homme à caractère,
Fait l'esprit fort et le docteur.
A ce titre on conçoit qu'il ne fréquente guère
L'église ni le presbytère ;
Mais en revanche, admirateur
De Diderot et de Voltaire,
Il fit de leurs écrits sa pâture ordinaire
Et sait tous leurs bons mots par cœur.
Du reste il ne connaît ni dimanche ni fête ;
Si vers Pâque on lui dit qu'il faut se confesser,
Aussitôt il répond en secouant la tête :
« Suis-je moins gras pour m'en passer ? »
Son camarade est fait d'une tout autre étoffe,

Et quant au bonhomme Bastien,

Il est tout uniment chrétien

Et s'inquiète peu d'être ou non philosophe.

Le dimanche il assiste au service divin,

Et même l'on m'a dit qu'il y chante au lutrin ;

Mais revenons à notre histoire,

Car le lecteur pourrait en perdre la mémoire.

« Quel beau temps, dit Bastien, et comme en ce ciel bleu

Majestueusement le soleil étincelle !

On n'aura jamais vu de journée aussi belle,

Il en faut rendre grâce à Dieu.

— Oui dà, répond Roger, s'il en est un au mond ;

Car, sur quelque motif que ton curé se fonde,

Moi je suis convaincu qu'il faut

Être un véritable nigaud

Pour croire à pareille sottise.

Va, va, mon cher, quoi qu'on en dise

Il n'est pas plus de Dieu là-haut

Que dans mon œil, et je t'invite

A suivre mon exemple et ne pas croire un mot

De tous ces contes de marmot. »
Comme il parlait, voici, du haut de sa guérite,
Jacquemart qui s'en vient réveiller leur tympan
Du bruit de son joyeux pampan,
Et qui les avertit de l'heure et de sa fuite.
« Grand docteur, dit alors Bastien,
Apprends-moi, s'il te plait, d'où vient
Que cette aiguille, insensible machine,
Avec tant de mesure et tant d'ordre chemine,
Et qu'un pantin de fonte, un être inanimé,
Proclame l'heure à point nommé. »
— Mais tu n'ignores pas, dit l'autre, j'imagine,
Que l'horloger, avec force poids et ressorts,
Force rouages, à ce corps
Donne la vie, et fait que tout y marche et vire
D'une précision si digne qu'on l'admire.
— Par ma foi, dit Bastien, l'arrêtant à ce mot,
Tu me permettras de te dire
Que tu raisonnes comme un sot.
Vois quelle est ton inconséquence :

Tu conviens qu'une intelligence
De ce misérable instrument
Règle le moindre mouvement,
Et néanmoins tu veux que la machine immense
De la terre et du firmament
Existe sans auteur comme sans providence ! »
Sur ce, notre homme, ouvrant deux grands yeux étonnés,
S'esquiva sans mot dire avec un pied de nez.

Cette anecdote justifie
Ce que m'a dit
Un érudit,
Que, pour fermer la bouche à la philosophie,
Il ne faut, la plupart du temps,
Que du bon sens.

XII.

L'ANE ET LE MULET.

Le roi des animaux, quand il se met en tête
De giboyer pour célébrer sa fête,
Emmène avec lui l'âne à la voix de stentor,
Afin que le braillard lui fasse

Par les bois office de cor

De chasse.

Vaniteux comme un sot qui vient d'avoir la croix,

Ou comme un bourgeois d'autrefois

Qui, lorsqu'à beaux deniers il avait fait emplette

D'une savonnette

A vilain,

Se croyait tout-à-coup issu d'un sang divin

Et reniait ceux de sa race,

Mons baudet, glorieux d'occuper une place

A la cour, et gonflé d'un tel excès d'honneur,

S'imagine être un grand seigneur

Et prend des airs de suffisance

Et d'arrogance,

Ne parlant tout le long du jour

Que de la cour

Et de ses fêtes,

Et des campagnes qu'il a faites

Dans la société de la reine et du roi.

Un soir qu'à dom mulet, de toutes ces merveilles,

Pour la centième fois il rompait les oreilles,

En ajoutant : « Ce n'est pas toi,

Vilain, qu'on admettrait à cet honneur insigne, »

L'autre, qu'un tel excès d'outrecuidance indigne,

L'interrompt en ces mots: « Pour dieu, mons du Rous

Tu n'es qu'un imbécile, et c'est moi, ton voisin

Et ton cousin,

Qui te le dis, d'avoir l'éternelle manie

De tirer vanité du ridicule emploi

Dont le prince t'a fait octroi.

Si le roi dans sa compagnie

T'admet les jours de chasse et quand il court les bois,

Cet honneur que tu crois l'effet de ton mérite

Et qui te rend à tort si fier, tu ne le dois

Qu'au besoin qu'il a de ta voix

Pour lui servir de trompe à rallier sa suite.

Voilà-t-il pas de quoi faire tant l'orgueilleux !

C'est ta voix qu'il emmène et non pas toi, pouilleux ;

Et, si tu n'avais pas une si pauvre tête,

Tu saurais que les grands aux petits ne font fête

Que pour le besoin qu'ils ont d'eux. »

A cette vérité tant soit peu crûment dite,

La bête asine fut, dit-on, tout interdite,

Et se tut, ne trouvant rien à faire de mieux.

De notre dignité sommes-nous plus soigneux ?

Je ne sais; mais chez nous, dans plus d'un bal d'élite

Où l'on ne voit jamais sa mère ni sa sœur,

  De maint jeune homme beau danseur

    Et beau valseur,

Ce sont, je le crains bien, les jambes qu'on invite.

XIII.

LES DEUX CHIENS DE BOUCHER.

○⋄○

« Sans me vanter, je puis bien dire
Que j'ai le chien le plus fort du canton.
— Vous ? allons donc, voisin, vous voulez rire,
Ou vous avez compté sans mon dogue Pluton.

— Un bel oiseau vraiment ! César en ferait quatre
Comme votre Pluton. — C'est ce qu'il faudrait voir.

— Rien de plus aisé ; dès ce soir

Faisons-les battre.

— Soit ; mais jurons sur notre honneur
Que du vaincu le possesseur
Comptera vingt-cinq francs à celui du vainqueur.
— C'est fait ; allez chercher votre chien et la somme. »

Ainsi parlaient un beau matin
Messires Jean Tubœuf et Jacques Richeteint,
Tous deux bouchers, tous deux sensibles, Dieu sait comme.

Puis chacun de ces gens de bien,
Au moment du combat encourage son chien

Par cette harangue incisive,

Digne en tout point

De Tite-Live

Où je regrette fort qu'on ne la trouve point :

« Noble ami, serviteur fidèle,

C'est aujourd'hui que la valeur
Peut couronner ton front d'une palme immortelle.

Du combat si tu sors vainqueur
Pour moi vingt-cinq bons francs et pour toi que d'honneur !
Et tu vaincras, morbleu ! je suis sûr de ton cœur :
Il ne peut être sourd quand la gloire l'appelle. »
A ces mots, les deux chiens transportés de fureur,
Aveuglés tous les deux par ce grand mot de gloire,
S'élancent l'un sur l'autre, et chacun à l'envi
Méconnaît le rival qui combat contre lui,
Et ne s'aperçoit pas qu'il n'aura la victoire
Qu'en passant sur le corps de son ancien ami.

On trouvera leurs fureurs surprenantes,
Chacun d'eux aura tort de se faire écorcher
  Pour le caprice d'un boucher,
On s'en va les traiter de bêtes ignorantes,
  Et cependant j'ai vu plus d'une fois
   Deux nations obéissantes
  S'entr'égorger pour le plaisir des rois.

XIV.

LA VIGNE ET LE CAMÉLIA.

Une vigne, accrochée aux branches d'un tilleul,
Raillait un Camélia sur sa petite taille.
L'autre lui répondit : « Ta grandeur qui me raille
A besoin d'un appui ; je me soutiens tout seul. »

XV.

LA CONVERSION DU LOUP.

∽⚙∾

Un loup fut pris au piége, et, pour sauver sa tête,
Au garde-chasse à moitié gris,
Par qui, dans son malheur, il se voyait surpris,
Humblement présenta requête,

Jurant que, s'il pouvait ravoir sa liberté,

L'appétit sanguinaire et la voracité

Qui depuis trop long-temps déshonoraient sa race,

A de meilleurs instincts, dans son cœur, feraient place,

Et qu'il renoncerait dès-lors et pour jamais

A se nourrir de chair. « Non, dit-il, désormais,

On ne me verra plus changer en boucheries

  Les champs, les bois, ni les prairies.

Bétail de toute sorte y pourra jour et nuit

Paître ou dormir sans crainte, au gré de son envie ;

Je ne me nourrirai que d'herbage et de fruit,

  Ou de légumes que Dieu fit.

  Et quant aux êtres ayant vie,

Le poisson excepté, dont très-modérément

Et dans les cas d'extrême urgence seulement,

  Je vous promets de faire usage,

  De tout le reste également

Je m'abstiendrai ; j'en fais, sur mon honneur, serment ! »

  Attendri par ce beau langage,

(J'ai dit qu'il avait bu ce jour-là plus d'un coup),

Notre homme au suppliant ouvrit la trappe, et... preste !

    Voilà, sur-le-champ, maître loup

    Qui prend ses jambes à son cou,

Et gagne du terrain sans demander son reste.

    Après qu'il eut, entre sa peau

Et l'endroit qui manqua lui devenir funeste,

    Mis un intervalle assez beau,

Il s'arrêta non loin d'un bourbeux amas d'eau,

Mare infecte au milieu de laquelle un pourceau

Savourait, bien repu, les douceurs de la sieste,

Délicieusement plongé jusqu'au museau,

    Dans un bain d'ordure et de fange.

A cet aspect le feu lui sort par les naseaux :

« Oh ! oh ! dit-il, quel est cet animal étrange ?

Ce doit être un poisson, puisqu'il vit dans les eaux.

Ah ! poisson, mon ami, ne pouvait mon bon ange

    Vous envoyer plus à propos ;

    Excusez si je vous dérange. »

Cela dit, à dom porc il saute sur le dos,

    Lui plonge ses terribles crocs

Dans la gorge, l'étrangle, et du lard qu'il déchire

    Se repaît sans scrupule aucun,

    Et tout comme il aurait fait d'un

Véritable habitant de l'aquatique empire.

    Je me suis, depuis, laissé dire

    Que ce Monseigneur du loup là

Avait, et je le crois, voyant sa grand' finesse,

    Etudié dans sa jeunesse

    Chez quelque fils de Loyola.

XVI.

LE VIGNERON ET LE PASSANT.

∞

Un vigneron taillait sa vigne.
Un normand qui passait: «Vieillard, comment peux-tu
Prendre pour ce bois noir, sec, noueux et tortu,
Tant de soins? il n'en est pas digne. »

Redressant son dos curviligne :

« Passant, dit le vieillard, à tes discours on voit
Que tu ne connais pas ce que ton œil dédaigne.
D'où viens-tu donc, qu'il soit besoin que l'on t'enseigne
Ce que c'est que la vigne et quel fruit on lui doit,
Et quel divin nectar de ce fruit on exprime ?

Parler mal de ce bois sacré,
Ce doit être un péché, peut-être même un crime ;
Car toujours monsieur le curé,
Quand il passe devant ma vigne,
Ote dévotement sa calotte et se signe.
Bel exemple pour toi, passant ! Qui que tu sois,
Apprends donc que c'est à ce bois
Si noir et si tortu, dont tu viens de médire,
Que sont dus les vins que tu bois,
Et respecte un peu mieux le plant dont on les tire. »

Dans ce monde où l'on voit reluire
Tant de choses qui sont d'un si mince acabit,
L'apparence est souvent une trompeuse amorce

Il ne faut pas juger de l'arbre sur l'écorce,
Ni de l'homme sur son habit.

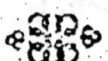

XVII.

LA CHASSE AU PAPILLON.

❈

Au matin d'un beau jour et dans ce mois charmant
Où la terre a repris sa plus belle parure,
 Où le ruisseau plus doucement murmure,
 Où les oiseaux chantent plus tendrement;

Dans un jardin que l'art et la nature

Enrichissaient de leurs dons enchanteurs,

Un jeune enfant assis sur la verdure

S'amusait à tresser des couronnes de fleurs.

    Une rose venait d'éclore ;

Un papillon, brillant d'or et d'azur,

Sur son sein embelli du carmin le plus pur,

    S'énivrait des pleurs de l'aurore.

Notre enfant l'aperçoit et soudain au désir

    De s'en saisir

    Sa petite ame s'abandonne ;

Il se lève, oubliant ses fleurs et sa couronne,

Et s'élance vers lui, palpitant de plaisir.

Le voyez-vous d'ici comprimant son haleine ?

Sur la pointe du pied son corps s'appuie à peine,

    Et doucement, vers son futur butin,

Il avance en tremblant une furtive main.

    Comme son cœur bat d'espoir et de joie !

    Un pas encore, il va saisir sa proie ;

    Mais, ô malheur ! l'insecte aux ailes d'or

L'a vu venir, prend soudain son essor,
Et, suivant les détours d'une verte charmille,
Se réfugie au sein d'une jonquille.
L'enfant l'y suit; même jeu que d'abord :
Presque en sa main, le papillon s'envole,
Autour de lui voltige, cabriole,
Et quelques pas plus loin va se poser encor.
Nouveaux efforts du chasseur intrépide,
Nouveau départ de l'insecte rapide,
Jusqu'à ce que, papillon et bambin
Arrivés au bout du jardin,
Aux regards de l'enfant que la fatigue oppresse,
L'insecte ailé pour toujours disparaisse.

Nous ressemblons à ce jeune chasseur :
Dans le jardin qu'on appelle la vie,
Chacun de nous poursuit de son envie
Le papillon qu'on appelle bonheur ;
Et les mortels qu'un vain désir enivre,
De fleur en fleur obstinés à le suivre,

Bien fatigués, et bien las du chemin

Qu'un fol espoir leur a fait faire,

Arrivent au bout du jardin

Sans avoir saisi leur chimère.

XVIII.

LE FROMAGE.

Certaine dame, en son grenier,

L'été dernier,

Avait mis sécher un fromage

Que de faire elle-même elle avait pris le soin,

Et qui, pour la saveur, devait laisser bien loin

  Le gruyère et le sassenage.

En ce lieu par malheur, la veille, dans un coin,

Une souris avait établi son ménage,

  Et la friponne eut bientôt dépisté

  Sur sa planchette, et dégusté,

  Et tout à l'entour grignoté

Du fromage divin la pâte précieuse.

  A l'aspect de cet attentat,

  Pour elle vrai crime d'état,

  La dame devint furieuse,

  Et vite d'un énorme chat

Elle envoie au Pont-Neuf sa bonne faire achat.

  Puis, dans son ardeur de vengeance

  Contre la souriquoise engeance,

Après l'avoir laissé tout le jour s'affamer,

Dans son grenier le soir elle court l'enfermer.

  Admirez la rare prudence !

Cette pauvre souris qu'elle veut châtier

N'aurait pas en un mois fait à son cher fromage

Pour deux sous de dommage,
Tandis que maître chat, goinfre de son métier,
L'eut en moins d'un instant dévoré tout entier.

La vengeance, c'est chose sûre,
Cause presque toujours à qui s'en veut armer
Beaucoup plus de mal que l'injure
Qu'elle a pour but de réprimer.

XIX.

LES ÉLECTIONS CHEZ LES ANIMAUX.

Au temps où le lion, chez le peuple animal,
S'empara du pouvoir suprême,
Certain renard, poussé par l'esprit infernal
Qu'on décora plus tard du nom de libéral,
Eut un jour l'imprudence extrême

D'oser parler du maître en termes peu flatteurs.
  Hélas ! les animaux sont, ainsi que nous sommes,
    Perfides, méchants et trompeurs,
Et l'on trouve chez eux des dénonciateurs
    Comme on en trouve chez les hommes.
Un singe qui vivait de ce honteux métier
      Passait alors près du terrier
Où l'imprudent frondeur d'une façon trop claire
      S'exprimait avec ses amis.
Il écoute, et, gagnant la royale tannière,
S'en va porter au roi le discours téméraire
      Que le renard s'était permis.
Ordre aussitôt donné de saisir le coupable ;
Mais, comme une lionne aussi belle qu'aimable
      Avait la nuit reçu sa majesté
      Dans sa couche amoureuse,
Il était ce jour-là rempli d'aménité
      Et d'indulgence et de gaîté :
Tant il est vrai qu'amour du cœur le plus sauvage
      Sait adoucir la cruauté !

Aussi, loin d'envoyer, comme c'est son usage,
  Le coupable à la mort,
  Il lui dit : « Malin personnage,
 Vous croyez donc que le droit du plus fort
 M'a seul donné mon sceptre et ma couronne ?
 Pour cette fois ma bonté vous pardonne,
Et même je prétends vous prouver en ce jour
  Que je ne le dois qu'à l'amour
  Du bon peuple que j'aime.
Je dépose à l'instant la puissance suprême
  Et veux que, libre dans son choix,
Chacun de mes sujets puisse donner sa voix
  Pour le monarque qu'il désire :
  Peut-être y perdrai-je l'empire ;
Mais j'aime mieux le perdre encor que le devoir
  A la crainte ou bien au devoir. »
Et la cour là-dessus d'applaudir, fallait voir !
  Pourtant, malgré ce beau langage,
  Incertain si l'élection
  Serait tout à son avantage,

L'ex-roi jugea prudent, en cette occasion,

D'employer des moyens plus sûrs, plus efficaces.

Par son ordre en secret partis,

Le tigre et l'ours parcourent le pays,

Montrant les dents et faisant des menaces

Aux électeurs timides et peureux,

Et promettant aux plus ambitieux

Leur protection et des places ;

Le tout sous la condition

De voter pour sire lion.

Puis, au jour indiqué pour cette grande affaire,

On procède à l'élection,

Et, par l'effet d'un tour qui n'est plus un mystère,

Son honorable ex-majesté

Se trouve réélue à l'unanimité.

Voilà chez la gent animale

Comme on fait une élection.

Et puis on dit qu'elle est l'expression

De la volonté générale.

XX.

LE MOUTON ET LE BUISSON.

Au sein d'un épineux buisson,
Pour éviter la pluie, un mouton, à grand' peine,
Se blottit. De cette façon
Il ne fut point mouillé; mais, hélas ! pour rançon

Le pauvret y laissa les trois quarts de sa laine.

Hommes de loi,

Gens de finance,

Ce buisson, n'est-ce pas, Messeigneurs, dites-moi,

Quelqu'un de votre connaissance ?

# LIVRE SIXIÈME.

I.

L'AVEUGLE QUI S'ÉCLAIRE.

o-)(-o

Un soir, sur la publique voie,
Un aveugle marchait, sa lanterne à la main.
Quelqu'un lui demandant : « A quoi bon ?—C'est afin,
Répondit-il, que l'on me voie

Et qu'on ne vienne pas me heurter en chemin. »

Dans ce monde où chacun au même but s'élance
Tête baissée, et veut, ainsi qu'en un tournoi,
    Sur ses rivaux prendre l'avance,
Il n'est pas superflu d'avoir de la prudence
    Et pour les autres et pour soi.

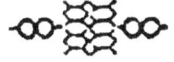

II.

UNE MÉDAILLE AU COMICE.

❦─∞─❦

D'un des princes de la finance
La noble moitié, certain jour,
A sa maison des champs ayant conduit sa cour,
Lui montrait avec complaisance

Les trésors du jardin, ceux de la basse-cour.

« Vous goûterez, leur dit la belle,
De mes melons, de mes poulets,
Et me direz comment vous les
Aurez trouvés ; mais, poursuit-elle,
Pour mes canards, c'est différent :
Point n'en tâtera votre dent.
Je ne veux pas qu'on vous en serve
Aujourdhui ; je vous les réserve
Pour une autre fois, et j'entends
Que nul ne les trouble en leurs joies,
Car je veux leur laisser le temps
De pouvoir devenir des oies.

Comme l'on peut en juger par
Cette harangue singulière,
Ce qui concerne le canard
Était chose peu familière
A madame la financière.
Mais plus qu'elle ses gens étaient experts dans l'art

D'élever la volaille,

Et cela fut cause, dit-on,

Qu'au comice de son canton

La maîtresse eut une médaille

Pour *l'élève* du canneton,

Comme on dit à la chambre en style de bon ton.

Car c'est avec cette justice

Qu'au dire de certains railleurs

Pleins de malice,

Les choses se font au comice

Et même ailleurs.

III.

LE JOUET.

Que les premiers de l'an sont une belle chose !
Je n'entreprendrai point leur éloge, et pour cause :
Chercher à peindre leurs appas,
Ce serait vouloir perdre et mon temps et mes peines,

Et, je crois même aussi, mon latin ; n'est-ce pas,
Blonds et joyeux enfants à qui vos grands papas
Vont, en ces jours heureux prodiguant les étrennes,
Et qui rentrez le soir la bouche et les mains pleines?
Pour moi, je me souviens qu'un de ces jours si doux,
J'avais alors cinq ans, et ma vieille grand-mère,
Ce trésor que depuis m'a dévoré la terre,
  M'avait donné de beaux joujoux.
Au nombre des présents de sa main maternelle
Etait un joli chien au poil long et soyeux
Qui jappait, remuant et la queue et les yeux,
  Comme une bête naturelle,
Quand on poussait la boîte en forme de coffret
  Où dom Caniche demeurait.
Après l'avoir, aux yeux de ma bonne étonnée,
  Fait japper toute la journée,
Désir me prit au cœur, car j'étais curieux
Alors, et je n'ai pas depuis cessé de l'être,
Désir, dis-je, me prit de voir et de connaître
  Par quel moyen mystérieux

Un chien fait de carton recouvert de fourrure
>   Pouvait, imitant la nature,
>   Aboyer comme un chien vivant.
>   Dans mon ardeur d'être savant
>   Je brisai la boîte sonore,
Et je vis que son bruit ne venait que du vent
Pressé dans ses parois ; mais mon chien à l'instant
>   Devint muet, et l'est encore.

Ainsi que les enfants tout homme a son joujou
Que lui donna le ciel pour charmer sa misère ;
>   En vouloir sonder le mystère,
>   Croyez-moi, c'est agir en fou.
>   Tout entier c'est un vrai bijou,
Un prodige qui plait à l'œil comme à l'oreille ;
Brisez-le, il offre, au lieu de ce qu'on avait cru,
Grelot, fil de laiton ou misère pareille,
>   Et la merveille
>   A disparu.

IV.

LE CHEVREAU ET LE LOUP.

⊰※⊱

De la fenêtre d'un grenier
Où l'avait enfermé son maître,
Certain chevreau, voyant paraître
Un loup dans le prochain sentier,

Après lui se mit à crier,

A lui faire mille grimaces,

Et, joignant l'injure aux menaces,

A l'appeler gueusard, vaurien.

« Va, dit l'autre, on te connaît bien,

Fais trêve à tes criailleries

Qui sont fort braves, j'en conviens ;

Mais, malgré toutes les furies,

Ce n'est pas toi qui m'injuries,

C'est la fenêtre où tu te tiens.

C'est en vain qu'on crie et fait rage

Lorsque l'on est en sûreté.

Ce loup disait la vérité :

Point de danger, point de courage.

V.

LES DEUX PETITS CHATS.

Regardez ces deux petits chats
Courir, sauter, jouer ensemble.
A les voir, ne diriez-vous pas
Que l'amitié pour toujours les rassemble ?

Jetez un os au milieu d'eux ;
Et soudain les combats vont succéder aux jeux.

Hélas ! dans le siècle où nous sommes,
Ces animaux sont l'image des hommes.
Voyez ces parents, ces amis :
Entre eux n'ont-ils pas l'air unis
D'une amitié qui doit être éternelle ?
Qu'une succession survienne à partager,
La discorde arrive avec elle
Et l'amitié va déloger.

VI.

L'ÉCOLIER ET SON PRÉCEPTEUR.

—◦✕◦—

Un jour de l'automne dernière,
Un écolier (cet âge, à la malice enclin,
Ne laisse point de mal à faire)
Venait, dans un verger voisin,

De ravir une pêche, et monsieur le coquin,
Croyant n'être vu de personne,
Allait en faire un bon repas,
Lorsque son précepteur, accouru sur ses pas,
Soudain l'arrête et le sermonne :
« Ah ! je vous y prends aujourd'hui,
Petit drôle, petit infâme !
Dérober les pêches d'autrui ;
Est-ce donc là l'effet des leçons qu'en votre ame
Nous avons pris soin de jeter ?
Ne vous a-t-on pas dit qu'il fallait respecter
Et l'âne du voisin, et son bœuf, et sa femme,
Et ses pêches en espalier ?
D'avoir pu ce précepte un instant oublier,
Vous devriez mourir de honte.
Allons, et sans souper, mons friponneau, qu'on monte
Tout de suite à sa chambre et qu'on se mette au lit. »
A ces mots (rien n'altère autant que la morale)
Notre homme prend aux mains de l'enfant qui pâlit,
Le corps du délit

Et l'avale.

De nos faiseurs de beaux discours,
A la ville, à l'église, et même dans les cours,
Les actions et le langage
Ne sont pas d'accord tous les jours,
Et c'est dommage.

VII.

LE CHASSEUR ET LES BERGERS.

―⋅⋇⋅―

Où donc, où donc est-il, s'écriait un chasseur,
Où donc est-il, bergers, le lion ravisseur
Qui, là bas, devant moi, vient de prendre la fuite ?
—Vous n'irez pas bien loin, Monsieur, pour le savoir;

Derrière cette roche est l'antre qu'il habite ;
On va vous y conduire et vous le faire voir ;
Venez. — Non, mes enfans ; il est trop tard ce soir,
Pour me remettre à sa poursuite. »

Tel s'escrime en héros contre un danger absent,
Qui, dès qu'il sait qu'il est présent
Ou qu'il approche,
Remet très-prudemment son éloquence en poche.

VIII.

LE DESCENDANT D'UN CROISÉ.

« Oui, s'écriait le fils d'un brave paysan,
Pour se justifier d'avoir en mascarade
Mis son nom, comme c'est la grand'mode à présent,
Et de signer : le sieur de la Sarrasinade,

Oui, Mesdames, je vous le dis
Et vous le prouverai, mes ayeux ont jadis,
Suivant leurs rois à la croisade,
Battu les Sarrasins. — Hé ! mon cher camarade,
Interrompit un sien voisin,
Que dites-vous, battu ? Je connais leur histoire
Et vous pouvez m'en croire,
Ils ont fait plus : ils ont vécu de sarrasin. »

La raillerie était aussi juste qu'amère ;
Mais corriger un fat, le pouvait-elle ? Non,
Dans un siècle où, chacun voulant quitter sa sphère,
On voit tant de gens à leur nom,
Pour en changer l'allure un peu trop roturière,
Coudre quelque sottise ou devant ou derrière.

IX.

L'ENFANT MONTÉ SUR UN BANC.

◄O-O►

Un marmot grimpa sur un banc,
Et, se croyant un personnage,
Criait aux enfants de son âge :
« Admirez comme je suis grand !

Vous êtes près de moi des mioches

Qui ne m'allez pas aux genoux,

Et j'en vais mettre dans mes poches

Une douzaine ; gare à vous ! »

Quelqu'un alors : « Daignez, grand homme,

Sur la terre où nous sommes tous

Descendre, et vous allez voir comme

Vous diminuerez tout d'un coup,

 Et de beaucoup. »

Oh ! combien ce bas monde
   Abonde
En hommes qui paraissent grands
Parce qu'ils montent sur des bancs,
Et qui, s'ils étaient mis par terre,
N'auraient pas la taille ordinaire !

X.

L'ENFANT ET LES NOISETTES.

A M. Viennet, de l'Académie Française

Un jour un fripon d'écolier,
(A cet âge en tous lieux sans cesse l'on furète)
Par la fenêtre, en un grenier
Qui renfermait mainte noisette,

Sa mère étant absente ainsi que son papa,

Aidé d'une échelle, grimpa.

Je laisse à penser quelle chère

Notre voleur se mit à faire

Et combien il se régala.

Tandis qu'il disposait en maître

Des fruits, objet de son gala,

Voici qu'au pied de la fenêtre

Tout-à-coup il ouït

Du bruit.

C'étaient sa sœur et ses deux frères

Qui le cherchaient

Et s'approchaient.

Or, de ceux-ci, l'entrée au grenier n'aurait guère,

Ou plutôt n'aurait pas du tout, fait son affaire.

Craignant donc de se voir dans son fort assiéger,

Et d'être, avec eux trois, contraint de partager

Ce dont il remplissait et son ventre et sa poche,

Voilà mon drôle qui s'approche

De la fenêtre doucement

Et qui retire à lui l'échelle adroitement.

Sa méthode aujourd'hui semble être universelle,
>> Et, dans les lettres, dans les arts,
>> On rencontre de toutes parts

Force gens qu'on dirait l'avoir pris pour modèle.
Encor bien qu'on les ait poussés et soutenus
>> Alors qu'ils étaient inconnus,
>> Quand sur la colline immortelle
>> A la fin ils sont parvenus,

Pour mieux en écarter tous les nouveaux venus,
Ils ont soin, après eux, de retirer l'échelle.
Mais vous, de qui je viens implorer la tutelle,
A ces vilaines gens vous ne ressemblez pas;
>> Et, par un talent véritable,
>> Dans le domaine de la fable,

Placé sur le sommet où s'adressent mes pas,
Vous tendrez, j'en suis sûr, une main secourable
A moi, pauvre petit, qui suis encore en bas.

XI.

LE PHÉNIX ET LE HIBOU.

Par un des beaux jours de mai,
Sur son bûcher parfumé,
Le Phénix, glacé par l'âge,
Attendait dans un bocage

L'instant d'être consumé
Par son soleil bien-aimé ;
Lorsque l'oiseau de Minerve,
Le hibou, Dieu vous préserve
De ce pédant ténébreux
Qui, n'étant qu'un songe creux,
Se croit un grand philosophe,
Vient à lui clignant les yeux,
Et brusquement l'apostrophe,
En ces mots : « Comment peux-tu,
Vieillard stupide, et têtu
Plus que l'antique Cassandre,
Croire qu'une fois brûlé,
Par Vulcain renouvelé,
Tu vas surgir de ta cendre ?
Mort, hélas ! on est bien mort,
Et les dieux du sombre bord
N'ont jamais lâché leur proie.
Quand sur l'eau de l'Achéron,
T'aura voituré Caron,

Pour penser qu'il te renvoie,

As-tu, montre qu'on la voie,

Quelque preuve ? — Oh ! pour cela

Non vraiment ; mais je sens là

Quelque chose qui me crie :

Sois sans crainte ; du trépas

L'heure pour toi ne doit pas

Du néant être suivie.

  Dans ses bras

  Tu renaîtras

Pour une nouvelle vie.

Or, de cette voix chérie,

Que mon esprit seul comprend,

Si je n'ai d'autre garant

Que le bonheur que j'y trouve

Pour mon cœur reconnaissant,

Il est, du moins je l'éprouve,

Des vérités que l'on sent

Beaucoup mieux qu'on ne les prouve. »

Il dit, et voilà soudain

Qu'un rayon du feu divin

Du nuage

Se dégage,

Et le phénix, plein d'espoir

Et de confiante extase,

Sur le bûcher qui s'embrase,

Meurt en criant : « au revoir ! »

Ainsi sa paupière ravie

Contempla la mort sans terreur.

O vous qui n'avez pas l'espoir d'une autre vie,

Respectez-le en celui dont il fait le bonheur.

XII.

LE PÊCHEUR ET LE PASSANT.

« Pourquoi troubler cette rivière,
Pêcheur ? — Eh ! mon pauvre garçon,
Je n'y prendrais aucun poisson
Si j'en laissais l'eau calme et claire. »

XIII

L'ENFANT ET SON OMBRE.

Fanfan, pour l'attraper, courait après son ombre;
Mais voyant à la fin qu'il n'y parviendra pas
Et que, dans sa poursuite, il a perdu des pas
  Sans nombre,

Tout-à-coup il s'arrête, et vous la campe là.
Or, à peine s'est-il retourné que voilà,
Pour ne pas être en reste avec lui de malices,
L'ombre qui se ravise et qui court après lui.

Le sexe et la fortune ont encore aujourd'hui,
A ce qu'on dit, de tels caprices.

XIV

LA TAUPE ET SA FILLE.

Une taupe et sa fille, en fuyant le trépas,
  Que, pour quelques fleurs déplantées,
Voulait leur infliger le jardinier Lucas,
Loin des nombreux tunnels qui formaient leurs états,

S'étaient dans leur course écartées,

Et grand, comme on peut croire, était leur embarras.

Déjà de leurs caveaux pour retrouver l'entrée,

Depuis une heure ou deux, par toute la contrée,

Elles avaient couru, trotté, fait maint faux pas,

Quand la fille se prit à dire :

« Pour Dieu, donnez-moi votre bras,

Ma mère, et me laissez, s'il vous plaît, vous conduire,

Car il n'est que trop vrai que vous n'y voyez pas

Et qu'en vain... — Je comprends, interrompit la mère,

Et de tes bons avis, certes, je fais grand cas ;

Mais je voudrais savoir, ma chère,

Le ciel ne t'ayant fait pas plus qu'à moi des yeux,

Comment tu pourrais y voir mieux ? »

Que de gens, dans ce monde, on rencontre en tous lieux

Qui, comme cette taupe, hélas ! n'y voyant goutte

Et, sottement aussi comme elle officieux,

Veulent bon gré mal gré nous montrer notre route.

XV.

LE MEUNIER ET SON ANE.

Un jour de l'automne dernier,
　　Certain meûnier
　　Nommé Grégoire,
Assis sur son baudet, s'en allait à la foire.

Sur le bord de sa route un arbre se dressait,
Dont un doux zéphir caressait
Les rameaux tout couverts des prunes les plus belles.
Cet aspect de notre homme excitant l'appétit :
« Halte-là, cria-t-il à son âne, petit ;
Halte-là, qu'à ces mirabelles
Nous disions un mot en passant. »
A cette voix obéissant,
Voilà soudain la bête asine
Qui s'arrête, et le farinier
Qui, leste comme un écuyer
De son métier,
Tout droit lui grimpe sur l'échine
Et de la main s'accroche aux branches du prunier.
Ainsi perché, des fruits qui deviennent sa proie
Le goinfre, à défaut de panier,
Remplit sa panse et s'en donne à cœur joie.
Cependant, au milieu de sa collation,
Ayant laissé tomber ses regards vers la terre,
Sur sa position précaire

Il lui vint à l'esprit cette réflexion
Peut-être un peu retardataire :
« Oh ! je serais joli garçon
Vraiment, si quelque polisson
A mon âne en passant donnait une torgniole,
Ou lui criait bien fort : marche ! » A cette parole
Imprudemment dite tout haut,
La bête, arrachée en sursaut
Du sommeil où déjà plongeait son indolence,
Prend sa course, laissant son maître suspendu
A son arbre, et de là criant comme un perdu.
Par bonheur, à peu de distance
Se trouvaient des bergers ; on vint à son secours,
Et, décroché de sa potence,
Depuis lors il soutient qu'il ne faut pas toujours
Dire tout haut ce que l'on pense.

XVI.

LA CHENILLE ET LE LIMAÇON.

Sur une tige de colza,
Une chenille un jour se trouva face à face
Avec un limaçon, et se scandalisa
De voir que celui-ci lui disputait la place :

« Vil animal, dit-elle, auras-tu bien l'audace
De te frotter aux gens de ma façon
Et de ma race ?
Ton père à toi n'était qu'un méchant polisson
De limaçon,
Et ta mère qu'une limace
Vivant ainsi que lui dans l'ordure et la crasse,
Tandis que moi je suis fille du papillon
Étincelant d'azur, d'or et de vermillon,
Qu'on a vu tout l'été, sémillant et volage,
Eclipser par l'éclat de ses riches couleurs
Jusqu'à la plus belle des fleurs
Qui se disputaient son hommage,
As-tu rien de pareil dans tout ton parentage ?
— Oh! non, dit l'autre, assurément,
Et ma famille
Hélas ! n'a rien qui brille ;
Mais que ton père fût ou ne fût pas vraiment
Des papillons le plus charmant,
Cela fait-il que toi, sa fille,

En sois moins une laide et fort laide chenille ? »

Heureux celui dont les ayeux
Ont su par des vertus illustrer leur mémoire !
Qu'il soit fier de leur nom, j'y consens, mais je veux
Qu'il commence d'abord par être digne d'eux,
    S'il veut se parer de leur gloire.

XVII.

LE PAON ET LE CANARD.

o꞉✱꞉o

Un paon faisait la roue, et, dans la basse-cour
  Où monseigneur tenait sa cour,
Les oiseaux ébahis admiraient son plumage ;
  Dont advint que le personnage

S'enfla d'orgueil (le paon à ce mal est sujet),

Et qu'à certain canard qui restait là muet

    Et le contemplant en extase,

  Il cria d'un ton plein d'emphase

Qu'assaisonnait un air tant soit peu goguenard :

      « Ami canard,

      Dieu me confonde

    Si je voudrais pour rien au monde

D'un bec disgracieux et plat comme le tien !

    — Oh ! pour cela, je le crois bien,

Reprit l'autre piqué de sa sotte apostrophe,

    Car, quoique l'on soit philosophe,

C'est bien assez déjà d'avoir tes vilains pieds. »

    A ces mots aux dépens du sire

Toute la basse-cour, dit-on, se prit à rire.

Les orgueilleux chez nous sont fort multipliés :

Que ne puis-je ainsi tous les voir humiliés !

XVIII.

LE GOUTER PARTAGÉ.

—∞—

Deux enfants (ils avaient cinq ou six ans peut-être)
    Passaient hier sous ma fenêtre.
Gaîment ils cheminaient, emportant à la main
    Avec un gros morceau de pain

L'un une poire, et l'autre une pomme : « Holà, frère,

Dit à l'autre un de ces morveux,

Si tu le veux,

Nous allons faire

Un arrangement ; tu vas, toi,

Mon petit homme,

Me donner de ta poire, et moi

Je te donnerai de ma pomme.

Ça te va-t-il ? — Oui da ! » répond l'autre ; et soudain

Voici l'un et l'autre bambin

De leurs fruits faisant le partage :

D'où résulta pour chacun d'eux

Cet avantage,

Qu'au lieu d'un mêts il en eut deux.

Ainsi, de ses mains paternelles,

Pour l'éternel maintien de la société,

Même au cœur de l'enfant, un Dieu plein de bonté

Grava ces deux lois immortelles :

L'échange et la propriété.

XIX.

LE PRINCE A LA PROMENADE.

Spirituel autant que sage,
Un prince qui se promenait,
Fit rencontre sur son passage
D'un pauvre diable qu'on traînait

En prison : « Oh ! dit-il à quelqu'un de sa suite,

Pourquoi cet homme est-il traité

Avec tant de sévérité,

Et qu'a-t-il fait qui nécessite

Cette atteinte à sa liberté ?

— Sire, par d'indignes peintures,

Par d'ignobles caricatures

Le coquin a voulu saper l'autorité

De vos ministres. — L'imbécile !

Que ne s'adressait-il à moi ;

On l'eût, je croi,

Laissé tranquille.

En tous cas, pardonnant à ses pinceaux malins,

Je l'aurais sur le champ gracié, je vous jure. »

Je m'en étais douté que, même en fait d'injure,

Mieux valait s'adresser au bon Dieu qu'à ses saints.

XX.

LE LOUP DEVENU ROI.

« Si j'étais roi, disait un loup,
Je ne coûterais pas beaucoup
A mon peuple, et serais un prince fort traitable.
Pourvu que j'eusse sur ma table,

Par chaque jour et par repas,

Un mouton gras,

Je n'en demanderais, certes, pas davantage,

Et réaliserais par-là bien et dûment

L'idéal du gouvernement

A bon marché. » Tandis qu'il tenait ce langage

Si beau de modération,

Le roi régnant, sire lion,

Partait pour l'éternel voyage,

Et laissait, à défaut d'enfants

Et de parents,

Diadème et trône vacants.

Après que du défunt en pompes magnifiques

On eut encavé les reliques,

Au choix d'un autre prince il fallut procéder.

Le peuple convoqué pour cette grande affaire,

Accourt de toute part, s'assemble, délibère

Et choisit pour le commander

De maître loup la sage et discrète personne,

Croyant par-là, Dieu me pardonne !

Du pays animal les charges alléger.

Mais sitôt qu'il se vit coiffé de la couronne,

Ce prince qui devait, disait-il, n'exiger

Qu'un mouton par repas, ne daigna qu'à grand' peine

  Se contenter de la douzaine,

Et bientôt même en vint à les vouloir manger

Par troupeaux, y compris le chien et le berger.

Il n'avait cependant que des projets honnêtes

Et de son naturel n'était pas exigeant,

Mais, hélas ! l'appétit vient si vite en mangeant

  Chez les hommes et chez les bêtes !

LIVRE SEPTIÈME.

I.

LE VIGNERON D'ISSOUDUN.

※

Certain vigneron d'Issoudun,
(L'espèce vigneronne est là très remuante
Et renferme plus d'un
Tribun),

Un jour qu'il n'était pas à jeûn :
« Si j'étais, disait-il, de la Constituante,
Pas ne m'amuserais à blaguer vainement,
    Ainsi que fait journellement
    Ce ramassis de rien-qui-vaille.
    Mais, je prendrais une futaille,
Celle-ci par exemple ; (et de son meilleur vin
Il faisait à ces mots sur quelques brins de paille
    Virevolter un tonneau plein)
    Puis au mitan de l'assemblée
    L'ayant roulée,
    D'un tour de main je la mettrais
    Cul-sur-pointe, et je leur dirais :
    Cette futaille, ici présente,
    Vous représente
La France, dans l'état où dix siècles et plus
    De servitude monarchique,
Nous l'ont mise. Or, puisque les tyrans ne sont plus,
Et qu'à leur place enfin j'ons une république
    Démocratique,

Vive Dieu, m'est avis, à moi, qu'il est bien temps
Que les petits, traités jusqu'ici de canaille,
      Deviennent à leur tour des grands.
Et pour ça, que faut-il ? Renversant la futaille,
La relever après de l'autre côté, pour
Que les cercles d'en bas soient en haut à leur tour. »
      Et, ce disant, le politique
Mettait à tour de bras son précepte en pratique,
Tournant et retournant son malheureux tonneau
Qui s'accommodait mal de cette gymnastique ;
Quand un des spectateurs: « C'est fort bien et fort beau!
      Mais, dites-nous un peu, mon brave,
N'aurait-il pas autant valu pour votre vin
Qu'il fût resté tranquille au fond de votre cave
Que d'être ici venu danser d'un pareil train ?
      — Par la barbe à Ledru-Rollin !
Reprit l'autre, cela point ne vous mette en peine ;
      Ma pièce est bonne, et, palsanguenne!
Quand je l'aurai remise en place, et qu'elle aura
Reposé seulement pendant une semaine,

La lie au fond redescendra

Et la liqueur redeviendra,

D'épaisse et noire,

Claire, limpide et bonne à boire.

Repassez dans huit jours et l'on vous montrera

Cela. »

Il ne se doutait pas, ce républicain-là,

Qu'en parlant de la sorte il faisait de l'histoire.

C'en était ma foi bien pourtant,

Car, ainsi que le vin qu'il allait ballottant,

Toute société porte en elle une lie

Dont elle peut être salie,

Quand les commotions politiques la font

Monter d'en bas à la surface;

Mais que l'ordre renaisse et le calme se fasse,

Par un retour plus ou moins prompt,

Chaque chose rentre à sa place :

La liqueur pure en haut, toute la lie au fond.

II.

MAITRE PIERRE

OU LE COMMUNISTE.

Un mois après le grand jour,
Si digne de notre amour,
Auquel notre belle France
Doit enfin sa délivrance

Et le bonheur inoui

Dont elle a déjà joui,

Grâces à la politique

    Mirifique

De nos rois de février,

Certain farceur d'épicier,

(L'épicier aime les niches),

Trouvant maître Pierre : « Hola !

Lui dit-il, que fais-tu là ?

Ne sais-tu pas que des riches

A tous les bons citoyens

On va partager les biens ?

C'est écrit sur les affiches

Et signé Ledru-Rollin.

— Bah ! vous êtes un malin,

Monsieur, et vous voulez rire.

— Non, te dis-je, et sans retard,

Si tu veux avoir ta part,

Il faut t'aller faire inscrire

Chez le maire ; n'en auront

Que ceux-là seuls qui seront

Sur la liste qu'on va faire.

— Tatigué ! la bonne affaire,

Queu fortune ! De ce pas

Certainement que j'y vas,

Que j'y cours, dit maître Pierre.

Il arrive chez le maire

Tout essoufflé : « Citoyen,

Citoyen maire, je vien

Pour au sujet du partage

Que l'on va faire des biens.

Sur votre plus belle page

Ecrivez que je retiens

Le pâturiau que possède

Dret au bout de mon jardin

Le vieux marquis de Bussède.

— Bon, dit le maire. » Et soudain

Dans un cahier qu'il feuillette

Il cherche quelques instants,

Puis s'écrie : « Il n'est plus temps,

Citoyen, et je regrette
De vous avoir vu si tard.
Dès hier père Guitard
Est venu, c'est grand dommage,
Retenir cet héritage
Et votre jardin avec.
— Mon jardin, dit maître Pierre
Tout cramoisi de colère,
N'est, morbleu, pas pour son bec,
Ni pour celui de personne.
En France, Dieu me pardonne !
Ne serait-il plus de loi ?
Mais mon jardin est à moi ;
Mais il me vient de mon père
Qui le tenait de sa mère,
Laquelle l'avait acquis
De ses deniers, et mon fils
Après moi l'aura, j'espère ;
Car c'est ma chose, et, morbleu,
Celui-là verrait beau jeu

Qui prétendrait nous le prendre.

Grâce à Dieu, pour le défendre

Nous avons encor chez nous

Deux bons fusils à deux coups

Et des prunes ; qu'on y vienne ! »

Ce disant, à perdre haleine

Il s'enfuit vers son manoir.

Et depuis, dès qu'il fait noir,

Le ciel, cher lecteur, vous garde

De passer sur son chemin,

Autour de son cher jardin

On le voit monter la garde.

O combien, égalité,

Combien, ô fraternité,

J'en sais parmi vos apôtres

Qui dans leur sainte ferveur

Voudraient, en gardant le leur,

Partager le bien des autres.

Mai 1848.

III.

LA LIMACE ET LE CERF-VOLANT.

« Tu sais bien, disait la limace
  Au cerf-volant,
Tu sais bien cet objet ignoble et dégoûtant
Que tu ne pouvais voir en face,

Cette horrible chenille ; en un beau papillon
La voilà transformée, et l'or, le vermillon,
La nacre et le rubis la couvrent tout entière.
  Et ne va pas croire, compère,
  Qu'après un pareil changement
  La demoiselle soit plus fière.
   Tout au contraire,
  Elle est, je le croirais vraiment,
  Plus aimable qu'auparavant.
  J'en étais à peine connue,
  Nous nous voyions si peu souvent !
Eh bien, ce matin même elle est chez moi venue,
   Et le plus amicalement
  Qu'il soit possible, je t'assure,
  Dans tout l'éclat de sa parure,
Me faire une visite. — Et toi, naïvement,
Interrompit le cerf, as cru, dans ta simplesse,
   Qu'elle te faisait politesse
  Par estime et par dévoûment.
  Avec un tel tempérament

On t'en pourra donner de belles.

Elle venait tout uniment,

Ma pauvre enfant,

Pour te faire admirer ses ailes. »

IV.

LA PIE ET LA CORNEILLE.

En camisole noire et blanche,
Un beau dimanche,
Dame Margot de branche en branche
Autour de la corneille en un bois sautillait,

Car la babillarde grillait

De lui faire une confidence,

Et ne savait comment entamer l'entretien.

Lasse à la fin de son silence :

« Quoi ! tu ne me demandes rien,

O ma voisine ? lui dit-elle.

Ignores-tu, ma toute belle,

Que je possède un secret important ?

La fauvette et la tourterelle

Me vont sans cesse tourmentant

Pour le savoir ; mais je n'ai garde

De le dire à qui que ce soit.

C'est bien à tort, va, qu'on me croit

Et qu'on me dit si babillarde. »

La corneille restant muette à ce discours,

Margot se mit à faire encor deux ou trois tours,

Puis revint et reprit : « Si cependant, ma bonne,

Tu me promettais par serment

De n'en dire mot à personne,

Pour toi, mais pour toi seulement,

Et cela, vois-tu bien, ma chère,
Parce que je me fie à ta discrétion,
Je pourrais faire
Une petite exception. »
— Et moi, je ne veux pas, lui dit l'autre, t'entendre
Davantage; et surtout je ne veux pas apprendre
Le secret important que tu dis posséder.
Certes! je ne suis point bavarde,
Mais, quand tu ne peux pas toi-même le garder,
Comment veux-tu que je le garde?

V.

L'ANTIQUAIRE.

—o-ooo-o—

Un de mes bons amis, grand chercheur d'antiquailles,
Disait en étalant à mes yeux l'autre jour
    La collection de médailles
Que depuis quarante ans il forme avec amour :

« Dieux ! quels vains désirs sont les nôtres ;
Que d'argent, que de soins m'a coûté tout cela !
En fait de médailles j'ai là,
A compter du temps des apôtres,
Tout ce que l'on connaît, moins une ; eh bien, voilà
Que, pour posséder celle-là,
J'irais jusqu'à donner, je crois, toutes les autres. »

Ainsi tout homme est ici bas,
Lorsque l'ambition l'obsède,
Moins riche de ce qu'il possède
Que pauvre de ce qu'il n'a pas.

VI.

LE PINÇON, LA PIE ET LE ROITELET

◂▸◂▸◂▸

Un jour maître pinçon s'étant mis en colère

De voir qu'en lui parlant la pie et le corbeau

L'appelassent petit oiseau :

« Voyez un peu cette manière

De dépriser les gens, disait-il ; comme si

On était dans ce monde-ci

Petit ou grand suivant l'espace

Que l'on occupe. Dieu merci,

Les choses ne vont plus ainsi.

Apprenez, madame l'agace,

Et je suis fâché que ceci

Vous fasse faire la grimace,

Apprenez que les animaux

N'ont, grâce au progrès des lumières,

Plus entre eux voulu de barrières ;

Que grands, petits, minces et gros,

Malgré leur taille différente,

Ils ont tous le droit d'être égaux,

Et que moi, dom pinçon qui vous parle, je vaux

Autant que vous, autant même que les plus beaux

D'entre nos seigneurs les corbeaux.

Ne faites donc plus tant, s'il vous plaît, l'importante,

Et laissez enfin de côté

Une appellation qui, plus qu'inconvenante,

Est contraire à la dignité

De l'animal, et que proscrit l'égalité

Comme aussi la fraternité. »

Le drôle s'énivrant de sa loquacité

Eut longtemps sur ce ton pu jouer de la langue,

Quand, à ce point de sa harangue,

Un roitelet s'étant sur son arbre abattu :

« Holà ! lui cria-t-il, petit, que me veux-tu ? »

Égalité, sainte chimère

Que chacun poursuit ardemment,

Voilà comment

Sur cette terre,

En t'adorant,

On te comprend.

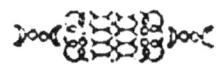

VII.

L'ALOUETTE ET LA FAUVETTE.

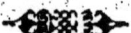

« Comment, oh! dites-moi, comment,
Demandait un jour l'alouette
A la fauvette,
Avec le même empressement

Pouvez-vous écouter, ma belle,

Et le doux chant de Philomèle

Et du corbeau criard l'affreux croassement ?

— Il n'est, lui répondit la fauvette, ma chère,

Rien où nous ne puissions trouver à profiter ;

Et si j'apprends de la première

Ce qu'il faut faire,

L'autre à son tour m'apprend ce qu'il faut éviter. »

Tout a son bon côté, son aspect salutaire,

Et, la fauvette avait raison,

Il n'est exemple sur la terre

Qui ne puisse, mauvais ou bon,

Offrir à qui sait l'en extraire

Quelque profitable leçon.

VIII.

LE MOINEAU ET LE CHEVAL.

∞∞∞∞∞

« O dada, bon dada, s'écriait un moineau,

En se posant sur la mangeoire

D'un cheval qui prenait son avoine après boire,

Vois-tu comme la neige a de son froid manteau

Couvert toute la terre ;
On ne peut plus trouver ni vermisseau, ni grain,
Et tu vas sous tes yeux me voir mourir de faim
Si tu ne veux avoir pitié de ma misère.
Ah ! pour l'amour de Dieu, sois pour moi comme un frère
    Et me laisse de ton repas
Prendre ma part; d'un rien ma faim est assouvie :
    La tienne n'en souffrira pas,
    Et tu m'auras sauvé la vie. »
    Or, vous saurez que le cheval
Auquel il s'adressait était un animal
    Sensible, bon et charitable.
    A la plainte du pauvre diable
        Il compatit
        Et répondit :
« Mange, mange, pauvre petit,
Je ne voudrais pas qu'il fût dit
    Qu'une innocente créature
Est morte à mes côtés, moi prenant ma pâture ;
Mange donc à présent et demain, si tu veux,

Encor; ma ration suffira pour nous deux. »

L'autre, plus d'une fois ne se le fit pas dire

Et, jusqu'au retour de zéphire,

On le vit du coursier fidèle commensal;

Puis, l'automne venue, alors que le cheval,

Sous une atmosphère brûlante,

S'en allait, au plus lourd

Du jour,

Fendre d'un soc tranchant la terre gémissante,

Son convive d'hiver le suivait au labour,

Chassant loin de ses flancs la mouche malfaisante.

Hommes, que n'avons-nous, cela serait si beau,

Le cœur de ce cheval, l'âme de ce moineau !

IX.

LES DEUX COQS

A M. Victor Hugo, président du Congrès des Amis de la Paix

o─❈─o

Pour un débris de tartelette
Que venait de trouver l'un d'eux,
Et dont ils prétendaient s'emparer tous les deux
Afin d'en régaler une jeune poulette,

Toute joliette et coquette,

A laquelle ils fesaient en même temps la cour,

Deux jeunes coqs, en vrais lions de basse-cour,

Un jour se prirent de querelle.

D'abord ce furent des coups d'aile

Succédant à force gros mots ;

Puis, la dispute envenimée,

On les vit, l'œil brillant et la crête enflammée,

S'élancer l'un sur l'autre, et du bec, des ergots

Se faire de larges morsures

Et des blessures

D'où le sang jaillissait à flots

Et rougissait la terre autour d'eux humectée.

Aux coups que se portaient nos terribles héros

Mainte plume déchiquetée

Voltigeait dans les airs par la brise emportée.

Tout arbre, tout buisson en était parsemé.

Bref, dans ce grand combat digne de l'Odyssée,

L'un des deux, sur le sol tombant inanimé,

Dut être mis en fricassée.

Quant à l'autre, il resta vainqueur, mais déformé
Gravement : il avait une aile fracassée,
  Une jambe cassée,
Un œil hors de la tête, et le corps tout plumé.

  Que ce résultat vous éclaire,
O peuples, gardez-vous, gardez-vous de la guerre.
La guerre est un métier qui ne rapporte rien
Que des coups à donner ou recevoir soi-même ;
  Or, de ces coups, voyez-vous bien,
Ceux que nous attrapons nous font un mal extrême,
Et ceux que nous donnons ne nous font pas grand bien.

X.

LE VOYAGEUR ET LES DEUX SAUVAGES.

À M. Alphonse Karr.

※※※※※

Le trait qui sert à cette fable
De sujet, vient de vous, ô poète charmant
Qui savez au raisonnement
Donner sous votre plume une tournure aimable;

Ma muse vous l'a pris, ma muse vous le rend :
Puisse-t-elle avoir fait, dans ses vers l'encadrant,
Chose qui vous soit agréable.

On m'a conté qu'un voyageur,
Eternel songeur
Politique,
Aux solitudes d'Amérique
Si bien décrites par Cooper (1)
Errait, tout fraîchement descendu d'un vapeur.
Il venait, ce dit-on, à ces lointaines plages
Demander quelque emplacement
Pour fonder le gouvernement
Dont il avait vingt ans médité les rouages,
Et dont vingt ans aussi, dans ses doctes ouvrage
Par malheur restés incompris,
Aux sots bourgeois du sot Paris
Il avait, mais en vain, prêché les avantages.

(1) Prononcez : Coupère

Or, tandis qu'il cherchait, il vit, sur le gazon

 Accroupis derrière un buisson,

 Deux grands, deux robustes sauvages,

 Qui d'un doigt passablement roux

Poussaient et repoussaient certains petits cailloux

 Et certains petits coquillages.

 De magnifiques tatouages

Tous deux du haut en bas avaient le corps couvert,

L'un portait sur le dos un large soleil vert,

Symbole glorieux d'une illustre origine ;

L'autre, et cet ornement lui donnait fort bon air,

 Avait, pendant à la narine,

 Un bel anneau de verre bleu

 Rehaussé d'une perle fine.

Du reste ils paraissaient absorbés par un jeu

 Auquel ne voyait que du feu

 L'entrepreneur de république.

 Poussé d'un désir curieux,

Celui-ci cependant s'était approché d'eux,

 Et, par un instinct sympathique,

Par un de ces penchants secrets, mystérieux,

Que tous ont éprouvés, que personne n'explique,

Pour l'homme au soleil vert son cœur faisait des vœux.

Animé fut le jeu, longue fut la partie ;

  Mais l'objet de sa sympathie,

Le soleil vert enfin gagna. Ce que voyant,

Pour le complimenter sur cette heureuse chance,

Notre homme transporté, droit au vainqueur s'élance,

Et, lui prenant les mains, lui dit en les pressant :

  « Soleil vert, je vous félicite,

  Vous avez gagné, Dieu merci,

Une belle partie, et moi j'étais ici

Faisant des vœux ardents pour votre réussite.

— Homme pâle, reprit le huron, tu dis vrai,

Oui, je viens de gagner une belle partie,

Et telle assurément que je ne gagnerai

  A coup sûr jamais de ma vie

Sa pareille. Ce soir, vois-tu, je me marie,

Magnifiques seront la fête et le banquet ;

  Et cependant il me manquait

Une pièce de résistance

Digne en tout de la circonstance.

J'étais sorti pour voir si Dieu me l'enverrait.

Tu ne pouvais venir plus à propos sans doute,

Le camarade et moi nous t'avions sur la route

Vu de loin, et jouions à qui te mangerait. »

Et sans plus de façon comme sans autre phrase

Le soleil vert le prit, l'emporta dans sa case

Où la noce, qui l'étrangla,

Le rôtit et s'en régala.

Il n'est, certes, pas fort étrange,

Même ailleurs qu'au pays des sauvages, de voir

Par nos vœux et notre aide arriver au pouvoir

Un parti qui, sitôt qu'il est vainqueur, nous mange

XI.

LE DUELLISTE.

⊷🙖🙖⊶

Encore, s'écriait un fameux duelliste,
Encore une victoire à porter sur ma liste !
Vous savez ce monsieur qui, le prenant si haut,
Osa, dans son peu de cervelle,

Venir se faire une querelle
Avec moi que jamais on ne trouve en défaut.
Une rencontre était entre gens comme il faut
Chose après cela naturelle.
Nous allons sur le pré. Là, comme un vrai nigaud,
Il me manque. A mon tour de tirer : je l'ajuste,
Et le voilà tombé mourant sur le gazon.
— Cela prouve, mon cher, que vous tirez fort juste.
Prouvez-nous maintenant que vous aviez raison. »

XII.

L'ENFANT MAUVAIS JOUEUR.

✤

Des enfans l'autre soir jouaient à l'écarté,
Quand l'un d'eux tout à coup de dépit transporté :
    « Encor, dit-il, c'est détestable ! »
Et, jetant devant lui les cartes sur la table :

« Coup nul, recommençons, ajouta-t-il.—Pourquoi ?
Dit l'autre. — Parce que, c'est chose qui de soi
S'explique,
Parce que je n'ai pas du tout
D'atout. »

Ce joueur qui n'a rien de bien académique,
Nous montre, peinte au naturel,
La façon dont chez nous plus d'un grand politique
Entend le jeu fameux du vote universel.

XIII

LA LIGUE DES MOUTONS.

« Jusques à quand, je vous prie,
Tremblerons-nous
Devant les loups ?
Disait à ses amis paissant dans la prairie,

Dom Robinet, jeune mouton
Qu'enflammait l'ardeur d'un beau zèle ;
Jusques à quand nous verra-t-on,
Devant cette race cruelle,
Fuir comme un vil ramas d'oisons ou de canards,
Laissant à chaque fois, hélas ! quelques traînards
En proie à sa dent criminelle ?
Quant à moi, messieurs, j'en rougis
Et pense qu'il est temps de montrer à la terre
Que, bien qu'on soit fils de brebis,
On sait, quand il le faut, avoir du caractère.
Qu'est-ce, d'ailleurs, que nous risquons ?
Nous sommes plus nombreux que les loups, j'imagine ;
Et puis cette engeance assassine
Ne va pas comme nous par troupe ; nous pouvons
Par conséquent lui tenir tête
Avec succès, si nous voulons.
Le lion est plus fort qu'un loup : or, nous savons
Que cette redoutable bête,
Fut jadis par un avorton

De moucheron

En combat singulier provoquée et défaite.

Donc peut bien un troupeau de moutons, sans beaucoup

De peine, parvenir à rembarrer un loup.

Pour cela, que faut-il ? au champ comme à l'étable

Etre unis, tenir bon, bien s'entendre, et du diable

Si nous ne l'empêchons, en nous y mettant tous,

    De ravir personne de nous.

Nous nous sommes laissé trop long-temps, sans défense

Et sans même essayer la moindre résistance,

    Comme de véritables sots,

    Manger la laine sur le dos.

Jurons par le dieu Pan, protecteur des troupeaux

    Et des bergers et des campagnes,

Jurons qu'en quelque endroit, soit vallons, soit montagnes,

Que nous rencontrions le loup, au lieu de fuir

    Et de courir

    Comme fait la biche timide

Qui, sitôt qu'il paraît, s'enfuit d'un pas rapide,

    De pied ferme nous l'attendrons

Et lui ferons

Avec nos fronts

Une muraille formidable,

Et de tout point impénétrable

A ses fureurs. — Nous le jurons,

Cria tout d'une voix le peuple porte-laine.

Qu'il vienne désormais l'affreux brigand, qu'il vienne,

Qu'il vienne et nous lui montrerons

L'accueil qui parmi nous lui sera fait ! » A peine

Avaient-ils prononcé ce serment généreux,

Que, dans un bosquet derrière eux,

Un bruit de pas se fait entendre.

A ce bruit un agneau : « Ne le voyez-vous pas ?

C'est lui. — Qui, lui ? — Le loup ; il vient pour nous surprendre ;

Et, tenez, le voici presque sur nous. » Soudain

Tout le troupeau, sans plus attendre,

De se précipiter et de courir grand train,

Y compris l'orateur Robin

Qui n'arpentait pas le moins vite,

A ce qu'on m'a dit, le terrain.

Quant à l'auteur du bruit qui vint les mettre en fuite,

C'était, non pas un loup, mais un jeune lapin

  Qui revenait gaîment au gîte

Après avoir, *parmi la rosée et le thym*,

Pris avec des amis son repas du matin.

  Les moutons et les gens honnêtes

    Sont un peu bêtes.

Il suffit d'un loup dans un champ

    Et d'un méchant

    Dans une ville,

Pour en faire trembler deux mille.

XIV

LISE ET LA PUCE.

Lisette, mordue au mollet
Par une puce, était parvenue à la prendre ;
Et, pour se venger, elle allait
Sans plus attendre

L'exterminer, quand l'autre : « Oh ! de grâce, pourquoi,

    Ma belle dame, contre moi

    Vous mettre si fort en colère ?

Je ne vous ai pas fait, soyons de bonne foi,

Beaucoup de mal. — C'est vrai ; mais, petite vipère,

Tu m'as fait tout celui que tu pouvais me faire

Et ne mérites pas qu'on ait pitié de toi, »

    En vain l'insecte en son effroi

    Joignit les pleurs à la prière,

    Ce lui furent soins superflus.

    Lise d'un doigt impitoyable

La posa sur la terre et mit le pied dessus.

Quiconque en mal fait tout ce dont il est capable,

Quelque peu qu'il en fasse est tout aussi coupable

    Que s'il en faisait cent fois plus.

XV.

LE GATEAU ET LE PAIN.

D'écoliers turbulents une troupe empressée
Sortant hier de son lycée :
« Oh ! venez par ici, s'écriait un gâteau
Qui chez le boulanger brillait sur son plateau ;

Venez, et que de moi, messieurs, on fasse emplette ;
Je suis d'un goût exquis, d'une pâte parfaite.

Quant à ce que vous voyez là,
A cette masse informe et grossière, cela,
Cela n'est que du pain et ne vaut pas la peine
Que l'on en prenne
Avec soi, quand on va se promener. — En vain
Interrompit alors le pain,
En vain, beau feuilleté, tes discours me rabaissent
Pour t'élever, ce qui n'est pas de bon aloi ;
Que ces petits messieurs te prennent et me laissent,
Il m'importe assez peu, ma foi,
Car lorsqu'ils auront faim ils viendront bien à moi. »

L'utile, dans ce monde ainsi que dans ma fable,
Est sujet à se voir préférer l'agréable ;
Mais l'homme enfin s'éclaire, et bientôt, mieux appris,
Il revient à l'utile et lui donne le prix.

XVI.

LES DEUX CHIENS, LE LOUP ET LE BŒUF.

>>❋❋❋❋❋<<

Deux chiens jappaient après un loup,
Mais de loin, et prenant, chose, entre nous, fort sage,
Grand soin de ne pas trop courir : « Oh ! pour le coup,
Dit un bœuf, les voyant passer dans son pacage,

Je vous croyais plus de courage.

Quoi ! lorsque vous pourriez joindre votre ennemi,

L'attaquer, le jeter par terre,

Dans le stérile accès d'une vaine colère,

Vous vous contenterez d'aboyer ! — Eh ! l'ami,

Interrompit l'un d'eux, qu'il ne vous en déplaise,

Vous en parlez bien à votre aise ;

Mais considérez quelque peu

Les redoutables crocs qui lui bordent les lèvres.

Jour de Dieu !

Qu'ils verraient beau jeu

Les loups, s'ils n'étaient que des lièvres !

Il en est, dit-on, quelquefois,

De certains vengeurs de nos lois

Comme des chiens de cette fable.

S'agit-il de courir sur quelque pauvre diable

Vagabond, mendiant, devin ou bateleur,

A ses trousses avec chaleur

Ils s'élancent soudain ; mais pour peu que la bête

Soit de nature à faire tête

A la meute, et montre les dents,

Vous les voyez bientôt, devenus moins ardents

Et plus prudents,

S'en tenir à distance honnête.

XVII.

LA PRIÈRE DU BORGNE.

Certain borgne, de qui le frère
Avait une excellente paire
    D'excellents yeux,
Un soir au souverain des cieux

Faisait, dit-on, cette prière :
O des mortels père commun !
Est-ce justice
Que, tandis que je n'en ai qu'un
Mon frère à mes côtés jouisse
De deux yeux aussi bons que beaux ?
Tu nous créas pour être égaux ;
Donc, je t'en supplie, ô mon père,
Que je recouvre les deux miens ;
Ou, si cela ne se peut faire
    Qu'au moins mon frère
    Perde un des siens ! »

Assez singulière manière
D'entendre la fraternité,
Mais qui ne peut qu'être suivie
Dans un siècle de vérité
Où l'amour de l'égalité
Est le nom qu'on donne à l'envie.

XVIII.

LE SANSONNET ET LE CORBEAU

Certain vieux sansonnet se laissa prendre un jour
    Dans les filets du dieu d'amour
    Par les beaux yeux d'une alouette,
    Jeune et gentille, mais coquette,

Coquette comme on ne l'est pas.

Ensorcelé par ses appas,

Le vieux fou résolut d'en faire

Sa ménagère ;

Mais avant que d'en venir là,

Prenant un beau matin sa volée, il alla

Visiter dans son ermitage

Un de ses cousins, vieux corbeau

Que sa science et son grand âge

Faisaient considérer, parmi le peuple oiseau,

Comme un véritable prophète.

Au logis de l'anachorète

Il arrive, et, frappant du bec : « Bonjour, parent,

Ouvrez vite, je vous en prie ;

Je viens, lui dit-il en entrant,

Consulter votre seigneurie,

Et ce sur quoi j'attends vos conseils, entre nous,

Est affaire de conséquence

Non petite ; il s'agit d'un projet d'alliance.

— Ce n'est, j'espère, pas pour vous,

Dit l'autre, car tous deux, à moins que d'être fous,
Nous ne pouvons, je crois, penser au mariage.

— Et pourquoi, s'il vous plaît, mon cher,
N'y penserais-je pas ? Je me sens encor vert

Assez pour entrer en ménage.

Las des ennuis du célibat

Je veux tâter d'un autre état,

Et, cette chose décidée,
Vainement on voudrait me l'ôter de l'idée.

— Aussi ne fais-je pas, cousin ; soyez époux
Si le cœur vous en dit, et prenez une femme ;

Je ne dispute point des goûts.

Mais quelle est, dites-moi, la dame
Que vous allez choisir ? — Mon choix est déjà fait.
—Vraiment ! Et de qui donc ? — O cousin, d'un objet
Enchanteur, et que vous connaissez, j'imagine :

De l'alouette, ma voisine.

— De l'alouette ! y pensez-vous
Cousin ? C'est un enfant et vous seriez son père.

Puis elle est coquette et légère,

Et fait à tout venant, m'a-t-on dit, les yeux doux.

Or, avec votre esprit jaloux

Telle moitié n'est pas, croyez-moi, votre affaire,

Vous serez malheureux, je vous le dis tout net.

— Mon Dieu, reprit le sansonnet,

Je sais, mon cher parent, et d'avance j'admire

Tout ce que vous m'en pourriez dire

De juste et de sensé; mais c'est marché conclu

Dont je ne me veux pas dédire,

Et vos plus beaux discours sur ce point résolu

Ne seraient que du superflu,

Car dès demain à la mairie

Je la mène et l'on nous marie.

— Mais alors, dit le vieux corbeau,

Que me veniez-vous donc demander, je vous prie,

Mon cher monsieur de l'Étourneau ? »

Avons-nous moins que cet oiseau

De sottise et d'étourderie ?

Je ne sais, mais en vain le sage se récrie :

Il n'est plans qui d'être suivis
Paraissent à nos yeux plus dignes que les nôtres,
Et quand nous consultons les autres,
C'est pour en avoir notre avis.

XIX.

LES DEUX ARBRES DE LA LIBERTÉ.

Un illustre républicain,
Non pas de ceux du lendemain,
Mais de ceux qui l'étaient la veille de la veille,
Parmi la ciboule et l'oseille

Avait, par un vingt-un de janvier, transplanté,

  De l'une des forêts prochaines

  Dans son jardin, deux jeunes chênes

Qu'il décorait du nom d'arbres de liberté.

  Or, il advint que, ces arbustes

N'étant pas nés tout deux également robustes,

  L'un beaucoup plus vite poussa

  Que son voisin qu'il dépassa,

  En moins d'un an, de près d'un mètre.

Ce dernier en conçut un dépit véhément :

« Holà ! dit-il un jour à son maître, comment,

  Comment avez-vous pu permettre

Chez vous et sous vos yeux une inégalité

  Aussi flagrante qu'odieuse ?

  N'est-ce pas une indignité,

  Une injustice monstrueuse

Que monsieur soit si grand quand je suis si petit ?

  Les arbres ne sont-ils pas frères

Ainsi que les humains ? — Si, parbleu ! répartit

Le Brutus, et la plainte ici que tu profères

Est juste, citoyen chêne ; l'égalité
Est et sera toujours de la fraternité
      La condition nécessaire.
      Mais ne pouvant pas te grandir
Autant que ton rival, Dieu seul le pourrait faire,
Je n'y vois qu'un moyen, c'est de le raccourcir
      Si cela peut te satisfaire.
— Eh bien : soit ! » répondit l'envieux ; et soudain,
      En véritable démocrate,
      D'une serpette armant sa main,
Le maître fit tomber du chêne aristocrate
Tout ce qui dépassait le front du rabougri.
Celui-ci dans sa joie : « O mon frère chéri,
Quel maître, criait-il, quel maître que le nôtre !
      Grâce à sa profonde équité,
Entre nous désormais plus de rivalité,
Nous voici tous les deux aussi grands l'un que l'autre,
Et rien ne troublera notre félicité. »
Sur quoi le mutilé l'interrompant : « Messire,
      Excusez si je vous reprends,

Mais vous faites erreur, ce n'est pas aussi grands,
>C'est aussi petits qu'il faut dire ;
>Car ce que l'on vient de m'ôter,
A votre taille, hélas ! n'ayant pu s'ajouter,
En faisant à la mienne un préjudice insigne,
>Ne vous grandit pas d'une ligne. »

Comme un autre, moi j'aime aussi l'égalité
>Et surtout la fraternité,
Et je voudrais les voir dans la société
Étendre à tout jamais sur tous tant que nous sommes
>Leur empire parmi les hommes.
Mais pour cela, messieurs, le moyen le meilleur,
>Et selon moi le seul qui vaille,
C'est, non pas d'abaisser les autres à sa taille,
>Mais de s'élever à la leur.

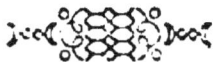

XX.

UNE PROFESSION DE FOI.

>≺•≻·≾≽·≻•≺

« O peuple, moi je t'aime, et de tous tes fardeaux
Je saurai bien forcer les grands à rendre compte. »
TRADUCTION : « O peuple, apporte-moi ton dos,
Et que, pour me grandir, j'y monte ! »

XVI.

LE SERPENT ET LA SANGSUE.

Sur le bord d'un clair ruisseau,
            Par un beau
Jour d'automne, une sangsue
Dans l'herbe fut aperçue

Par un serpent qui lui dit :

« Voisine, sans contredit,

Il faut convenir que vous êtes

Heureuse entre toutes les bêtes.

Et reconnaître que le ciel,

Envers tant d'autres si cruel,

A votre égard vraiment s'est montré favorable

A l'excès. Tout vous rit et se fait un plaisir

De vous rendre la vie aimable,

Et d'aller prévenant votre moindre désir.

L'homme même, cet être en tout temps implacable

Pour ma race, et mon ennemi

De tous le plus impitoyable,

L'homme pour vous est un ami ;

Et que dis-je, un ami ? c'est bien plus, c'est un père,

Puisque, dans son zèle incessant,

Tout entier au soin de vous plaire

Et de vous faire

Un sort prospère,

Tandis qu'il me va menaçant

Et pourchassant

Avec colère,

Au fond des eaux vous ramassant,

Dans sa demeure il vous emporte

Et vous y nourrit de son sang.

Oh ! quand il agit de la sorte,

Quand il vous traite avec cette extrême bonté,

Hélas ! pourquoi par lui suis-je persécuté

Au point de n'avoir pas, dans ma pauvre existence,

Un moment de sécurité ?

Certes, je n'ai pas l'exigence

De prétendre à l'égalité,

Et ne me plaindrais pas d'être moins bien traité

Que vous ; mais je voudrais un peu plus d'équité

Et de justice,

Car, après tout, par quel caprice

L'homme, pour vous si bon, a-t-il pour les serpens

Des procédés si différents ?

Vainement j'en cherche la cause.

Nous mordons, j'en conviens, mais vous mordez aussi,

Et non moins fort que nous, je crois, car, dieu merci,

Vous avez bien autant d'appétit, je suppose.

— Cette cause est pourtant assez claire, reprit,

En rentrant dans l'eau, la sangsue :

C'est que ta morsure tue

Et que la mienne guérit. »

La critique à la satire,

Lorsqu'elles vont disputant,

A bon droit pourrait en dire

Autant.

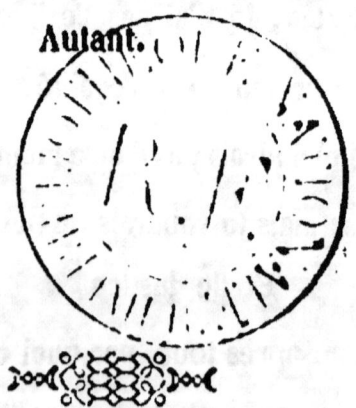

TABLE

Des Fables contenues dans ce Volume.

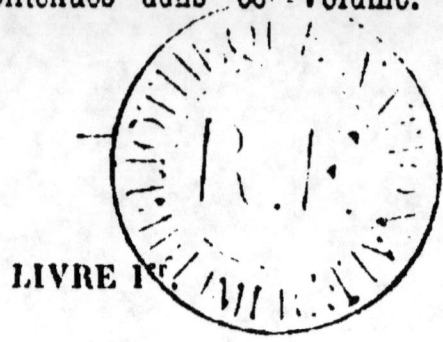

LIVRE Ier

La Cigale et le Papillon.	3
Le Soulier et la Savate.	7
Le Jugement de l'Alouette.	11
La Chenille et le Papillon.	13
L'Enfant et sa Mère.	15
Le Cheval malade.	17
Le Renard et la Peau de Mouton.	19
Même sujet.	23
Les deux Chapons.	25
Le Mulet et le Chien.	28
L'Enfant et le Caillou.	33
La Treille et l'Érable.	36
La Cloche du soir.	38
Jésus et la Femme adultère.	40
Le vieux Fonctionnaire et la Girouette.	44
Les deux Verbes en querelle.	47
Le Château de Nideck.	49
L'Ane optimiste.	55
La Souris et l'Escargot.	57
Le Chien qui jappe après la Lune.	62

LIVRE II.

Les deux Hiboux et le Lapin.	65
Le Lézard.	68
Le Chien qui lâche sa proie pour l'ombre.	69
Le Riche et le Mendiant.	73
Le Voyageur et son Chien.	75
Le Rôti volé.	77
L'Alouette et le Rossignol.	81
Le Tambour-Major.	84
Les deux Chattes.	86
L'Alouette et le Miroir.	90
Le Noyer.	93
L'Essieu qui crie.	96
La Tête et la Pointe du clou.	97
Le Rossignol mutilé.	99
Le Bœuf et le Moucheron.	103
La Chasse aux petits Oiseaux.	106
Le Paysan et son Seigneur.	109
L'Enfant et l'Échelle.	113
L'Éponge.	115
Le Ver-luisant et le Crapaud.	117

LIVRE III.

Le Poète et la Mouche.	121
La Gazette et l'Almanach.	125
La petite Fille et la Poupée.	129
Le Jeu d'Échecs.	131
Les deux Chiens et le Loup.	133

Le Coucou. 135
Les trois Arbres. 137
Le Charlatan. 139
L'Homme et l'Anguille. 148
Le Sermon d'Antoine de Padoue. 150
L'Ortolan. 155
Le Cerisier. 157
L'Écrevisse et sa Fille. 159
Le Livre de Minerve. 161
Le Paysan et le Merisier. 164
Le Factionnaire. 166
Le Flacon d'essence. 168
Le Quartaut de Jupiter. 169
L'Enfant et le Rossignol. 171
La jeune Ourse et la vieille Corneille. . . 176

LIVRE IV.

L'Évêque et le Paysan. 185
Hercule et le Bouvier. 188
La jeune Fille et sa Grand'Mère. 191
Le Chêne et le Roseau. 193
Le Nez et le Tabac. 197
La jeune Fille et le Chardon. 201
Le Cheval, le Bœuf et le Renard. 203
Le Chêne et le Cochon. 205
La Rente Viagère. 207
L'Escargot parvenu. 212
La Poule et le Dindon. 214
Le Loup devenu vieux. 219
Le Mulet espagnol. 222

La Truie et la Lionne 226
L'Expéditionnaire. 228
Le Poète et l'Araignée. 231
Mon Ami Paul. 234
Les Lunettes de couleur. 241
Le Renard et les Raisins. 244
Comme le temps passe. 248

LIVRE V.

L'Enfant et le Papillon. 253
Le Peigne. 256
Une aventure de tailleur. 258
Le Lierre et le Tilleul. 263
L'Enfant et le Chat. 266
La Rose et les autres Fleurs. 270
Le Sac vidé. 273
Les profits de l'Amitié. 275
Le jeune Cheval et le Maquignon. . . . 278
La Leçon d'orthographe. 282
Bastien et Roger. 284
L'Ane et le Mulet. 289
Les deux Chiens de boucher. 293
La Vigne et le Camélia. 296
La Conversion du Loup. 297
Le Vigneron et le Passant. 301
La Chasse au papillon. 304
Le Fromage. 308
Les Élections chez les animaux. 311
Le Mouton et le Buisson. 315

LIVRE VI.

L'Aveugle qui s'éclaire. 319
Une médaille au Comice. 321
Le Jouet. 324
Le Chevreau et le Loup. 327
Les deux Petits Chats. 329
L'Écolier et son Précepteur. 331
Le Chasseur et les Bergers. 334
Le descendant d'un Croisé. 336
L'Enfant monté sur un banc 338
L'Enfant et les Noisettes 340
Le Phénix et le Hibou 343
Le Pêcheur et le Passant 347
L'Enfant et son ombre 348
La Taupe et sa fille 350
Le Meûnier et son âne 352
La Chenille et le Limaçon 355
Le Paon et le Canard 358
Le Goûter partagé. 360
Le Prince à la promenade 362
Le Loup devenu roi. 364

LIVRE VII.

Le Vigneron d'Issoudun 369
Maître Pierre ou le Communiste 373
La Limace et le Cerf-Volant 378
La Pie et la Corneille 381
L'Antiquaire. 384

Le Pinçon, la Pie et le Rossignol	386
L'Alouette et la Fauvette.	388
Le Moineau et le Cheval	391
Les deux Coqs	394
Le Voyageur et les deux Sauvages	397
Le Duelliste	402
L'Enfant mauvais joueur	404
La Ligue des Moutons	406
Lise et la Puce	411
Le Gâteau et le Pain	413
Les deux Chiens, le Loup et le Bœuf . . .	415
La Prière du Borgne	418
Le Sansonnet et le Corbeau	420
Les deux Arbres de la Liberté	425
Une profession de foi.	429
Le Serpent et la Sangsue	430

FIN.

www.ingramcontent.com/pod-product-compliance
Lightning Source LLC
Chambersburg PA
CBHW071057230426
43666CB00009B/1736